PERGUNTAS QUE ME FAZEM SOBRE O HOLOCAUSTO

Para todos os jovens do mundo.

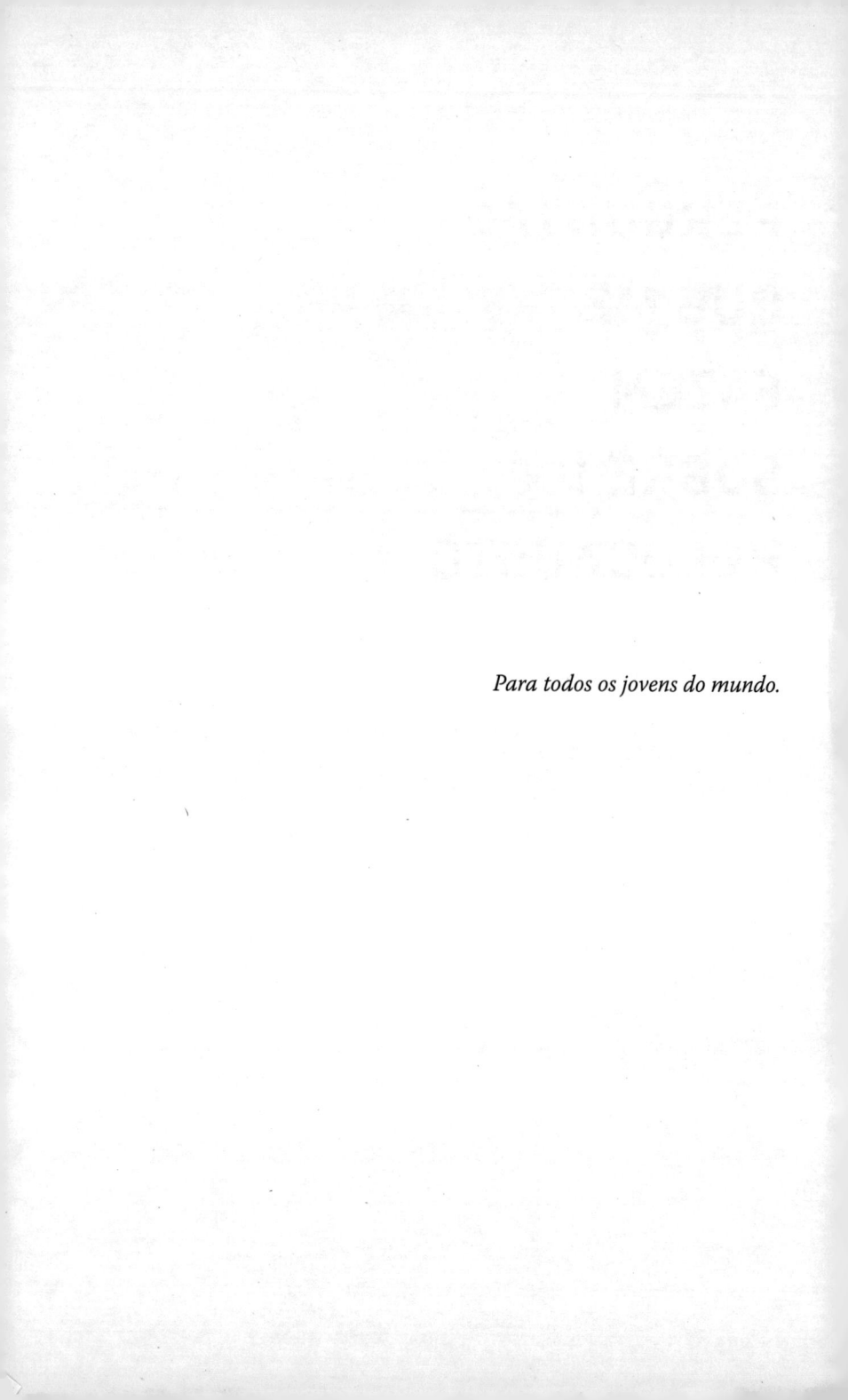

PERGUNTAS QUE ME FAZEM SOBRE O HOLOCAUSTO

HÉDI FRIED

Tradução do inglês
George Schlesinger

Esta obra foi publicada originalmente em sueco com o título FRÅGOR JAG FÅTT OM FÖRINTELSEN por Natur & Kultur, Estocolmo, Suécia
Copyright © 2017, Hédi Fried
Copyright © 2020, Editora WMF Martins Fontes Ltda.,
São Paulo, para a presente edição.

Publicado por acordo com Partners in Stories, Suécia, e Nordik Literary Agency, França.

Todos os direitos reservados. Nenhuma parte deste livro pode ser reproduzida, transmitida ou estocada em sistemas de banco de dados recuperáveis em nenhuma forma ou por qualquer meio, gráfico, eletrônico ou mecânico, incluindo fotocópias, digitação, microfilmagem ou gravação, sem autorização prévia, por escrito, do editor.

1ª edição 2020
3ª tiragem 2024

Tradução
George Schlesinger
Acompanhamento editorial
Helena Guimarães Bittencourt
Edição e preparação de texto
Rogério Trentini
Revisões
Marisa Rosa Teixeira
Beatriz de Freitas Moreira
Produção gráfica
Geraldo Alves
Paginação
Renato Carbone
Projeto gráfico e de capa
Gisleine Scandiuzzi
Foto da capa
Karl Gabor

Dados Internacionais de Catalogação na Publicação (CIP)
(Câmara Brasileira do Livro, SP, Brasil)

Fried, Hédi, 1924-2022.
  Perguntas que me fazem sobre o Holocausto / Hédi Fried ; tradução George Schlesinger. – 1. ed. – São Paulo : Editora WMF Martins Fontes, 2020.

  Título original: Questions I Am Asked about the Holocaust.
  ISBN 978-65-86016-27-7

  1. Fried, Hédi, 1926 2. Guerra Mundial, 1939-1945 – História 3. Holocausto – Sobreviventes – Narrativas pessoais 4. Holocausto judeu 5. Perguntas e respostas I. Título.

20-43938   CDD-940.5318092

Índices para catálogo sistemático:
1. Holocausto judeu : Sobreviventes : Memórias autobiográficas   940.5318092

Maria Alice Ferreira – Bibliotecária – CRB-8/7964

Todos os direitos desta edição reservados à
Editora WMF Martins Fontes Ltda.
Rua Prof. Laerte Ramos de Carvalho, 133 01325-030 São Paulo SP Brasil
Tel. (11) 3293-8150 e-mail: info@wmfmartinsfontes.com.br
http://www.wmfmartinsfontes.com.br

SUMÁRIO

Apresentação à edição brasileira ix
Prefácio xv

1. Qual foi a pior coisa que aconteceu com você? 1
2. Por que Hitler odiava os judeus? 7
3. Como era a sua vida antes da guerra? 13
4. Quando você percebeu que a sua família estava em perigo? 17
5. Como foi possível a um povo inteiro seguir Hitler? 21
6. Por que vocês não reagiram? 25
7. Do que você se lembra da sua chegada a Auschwitz? 31
8. O que significou ter a sua irmã junto com você nos campos? 35
9. Como era viver nos campos? 39
10. Você estava sempre faminta? 45
11. Que línguas eram faladas em Auschwitz? 49
12. O que ajudou você a sobreviver? 53
13. Havia solidariedade nos campos? 57
14. Como era ser mulher nos campos? 61
15. Como era ficar menstruada? 65
16. Você foi estuprada? 69
17. Você tinha medo da morte? 73
18. Como você se vestia? 77
19. Você ficava doente? 81
20. Havia soldados da SS gentis? 85
21. Você sonhava à noite? 91
22. Qual era a melhor coisa? 95
23. Quando você percebeu que estava ocorrendo um genocídio? 99
24. Como você imaginava a sua vida depois da guerra? 103
25. O que aconteceu com a sua irmã? 107

26. Quantas pessoas da sua cidade natal sobreviveram à guerra? 111
27. Você ficou feliz quando foi libertada? 115
28. Por que você escolheu a Suécia? 119
29. Como você foi recebida na Suécia? 123
30. Como você lidou com o seu trauma? 127
31. O que fez você começar a dar palestras? 131
32. Você se sente sueca? 135
33. Você se vê nos refugiados de hoje? 139
34. Alguma vez você já foi ameaçada por neonazistas? 143
35. Você odeia os alemães? 147
36. Você se encontrou com algum carrasco? 153
37. Você é capaz de perdoar? 157
38. Você viajou de volta para a sua cidade natal? 161
39. Com que frequência você pensa no tempo que passou nos campos? 165
40. Qual é a sensação de envelhecer? 169
41. Depois de tudo, você acredita em Deus? 173
42. Qual é a sua visão do futuro? 177
43. O que podemos aprender com o Holocausto? 181
44. Aquilo pode acontecer de novo? 187

Agradecimentos 191

När sorgen kommer, som när natten skymmer
i vilda skogen, där en man går vill,
vem tror på ljuset, som i fjärran rymmer,
Och sken som skymta fram och flämta till?
På skämt de glimta och på skämt de flykta,
vem tar en lyktman för en man med lykta?

Quando chega a tristeza, como ao cair da noite
nas florestas selvagens, onde um homem se perde,
quem crê na luz que chama ao longe,
e no brilho que surge e então desaparece?
Gracejando o brilho fenece e gracejando ele arde,
quem toma uma luz fantasma por um homem com lanterna?

"Consolo", Gustaf Fröding

APRESENTAÇÃO À EDIÇÃO BRASILEIRA

Perguntas que me fazem sobre o Holocausto é, antes de mais nada, uma lição de vida. Através de uma seleção de temas, a autora traça o fio condutor das suas memórias delineado pelo seu olhar preocupado com o futuro. O próprio título antecipa o conteúdo, pois diz respeito à trajetória de uma sobrevivente do Holocausto, com a diferença que a autora está em constante marcha. Suas reflexões sobre traumas, desencantos, alegrias e tristezas podem ser traduzidas como um precioso legado: um legado pedagógico que clama pela memória da injustiça.

A partir das respostas, sempre recheadas de ensinamentos, nos tornamos cúmplices da rica vivência da autora, que enfatiza a necessidade de lembrar às novas gerações dos crimes até então praticados contra a Humanidade para que nunca mais aconteçam. Mas, como ela mesma afirma, esse conhecimento deve ser dirigido ao mesmo tempo à mente e ao coração para que as novas gerações "abracem a empatia, o amor incondicional e um mundo sem ódio". Tarefa nada fácil, diante de tantos outros genocídios e massacres registrados antes e depois de Auschwitz, símbolo da Shoah. Lembro aqui: genocídio armênio (1915-1923), considerado como o protótipo do genocídio moderno; Holodomor, o genocídio da fome soviética (1932--1933), que afetou a Ucrânia, o Cazaquistão e algumas regiões povoadas da Rússia; os crimes da Guerra Fria, com assassinatos em massa de populações civis (1950-1987); o genocídio do Camboja praticado pelo Khmer Vermelho (1975-1979); o genocídio bósnio em Srebrenica e Žepa cometido por sérvios durante as guerras na ex-Iugoslávia (1991-1995); o genocídio de Ruanda liderado pelo Exército local aliado a rebeldes congoleses para matar milhares da etnia tútsi (1994); o genocídio de Darfur, no oeste do Sudão (2003), ainda em curso, realizado contra as tribos furis, massalites e zagauas; o genocídio perpetrado pelo Estado Islâmico no Iraque e na Síria (2016)[1].

....

1. "Linha cronológica sobre o conceito de genocídio", *Enciclopédia do Holocausto* – United States Holocaust Memorial Museum. Disponível em <https://encyclopedia.ushmm.org/content/pt-br/article/genocide-timeline>.

Não podemos nos esquecer também do genocídio secular dos povos indígenas no Brasil, entre os quais estão os ianomâmis[2].

Por essa lista, ainda incompleta, constatamos que o ser humano não aprendeu a lição! E o nazismo, com certeza, não se esgotou com o Holocausto judeu. As consequências dessa tragédia ainda não foram totalmente avaliadas dada a dimensão da sua monstruosidade, até hoje incompreensível. Mas nem por isso devemos silenciar.

Lendo as respostas, vamos descobrindo as múltiplas preocupações de Hédi Fried, todas iluminadas, com luz própria, algumas sofridas, outras alegres, sempre reflexivas. Nas primeiras páginas, temos a oportunidade de conhecer os enfrentamentos vivenciados por aquela jovem, perto de completar vinte anos, nascida na cidade de Sighet, na Romênia, na parte norte da Transilvânia. Uma cena nos sensibiliza de imediato, talvez pela descrição dos detalhes traçados pela afetividade: o momento em que a sua família empacota as coisas para serem levadas ao gueto e, de lá, para um lugar até então "indeterminado". Como sinal de despedida, a pequena Hédi escondeu seus diários, tocou piano, afagou seus livros, abraçou seu cão de guarda e parou diante das fotografias dos seus avós pedindo-lhes que guardassem a casa enquanto estivessem fora. Como tantos outros judeus alemães, estava convencida de que era só uma questão de tempo até estarem de volta. Ingenuamente pensou que, em breve, a Romênia recuperaria a posse do seu território ocupado pela Alemanha desde 19 de março de 1944, e ela, a jovem Hédi, poderia retomar seus estudos na universidade. Mas nada era tão fácil assim!

Tempos sombrios!

Como animais, a família Fried foi transportada pelas forças policiais encarregadas de zelar pela ordem e segurança nacional. De cidadãos honestos, foram transformados em perigo étnico e político, levados como se fossem seres descartáveis. Durante três dias de viagem em um vagão de trem etiquetado com o letreiro "Para oito cavalos", os Fried viajaram espremidos entre outras tantas dezenas de judeus, sem luz, sem ar e sem água. Mudanças radicais, traumas indescritíveis!

Próxima cena: o desembarque em Auschwitz. Como a maioria das famílias perseguidas pelos nazistas, a jovem Hédi sentiu e pressentiu o significado

....

2. Sobre o tema, ver: CARNEIRO, Maria Luiza Tucci; ROSSI, Mirian. *Índios no Brasil: vida, cultura e morte*, São Paulo: Intermeios, Instituto Hercule Florence, LEER-USP, 2019.

das perdas, ainda que não tivesse noção de ser uma personagem (entre milhões) do maior genocídio do século XX. Como ela mesma afirma:

> Durante a Segunda Guerra Mundial, a palavra "genocídio" não existia nem no meu vocabulário nem no de ninguém. Só ficou claro para mim que estava havendo uma matança generalizada quando cheguei a Auschwitz. Antes disso, muita gente não entendia que não se tratava apenas do assassinato de certos indivíduos, que a matança envolvia um povo inteiro que devia ser varrido da face da Terra.

Ao revisitar seu passado, Hédi nos inclui dentro dos seus cenários, e até mesmo dos seus pesadelos, passando aquela sensação de opressão toráxica e falta de ar. Traduzindo: seu testemunho reconstitui os espasmos do antissemitismo que, na minha opinião, já estava arraigado na mentalidade da população alemã aguçada pelos discursos de ódio e estimulada pela propaganda nazista. Realmente engenhoso foi o trabalho do ministro Joseph Goebbels, fielmente interpretado pela voz irada de Hitler. Assim, parte da população alemã foi aliciada e mobilizada de tal forma que passou a aceitar a ideia de que os judeus eram indivíduos perniciosos e que, comparados a vermes, animais pestilentos e vírus, deveriam ser eliminados.

Sob o viés das lembranças, conhecemos momentos amargos da vida de Hédi, que sentiu na pele e no coração o significado de ser uma pária marcada para morrer. Em várias passagens do seu relato, conseguimos vislumbrar o clima de intolerância radicada ao extremo e que, rapidamente, culminou com a destruição da comunidade judaica no Leste Europeu. Sobraram poucos para contar. Hédi perdeu familiares, amigos(as) de infância e objetos-relicários que, neste livro, emergem como elementos marcantes para a reconstrução da história do Holocausto. Daí constatarmos algumas fraturas – desde a infância até a idade adulta –, levando em consideração a sua formação de psicóloga que olha para si mesma, reconstruindo o seu eu.

Algumas respostas ficaram marcadas pelo ranger das botas nazistas que pisotearam o povo judeu e outras tantas minorias, assim como pelo momento em que não conseguiu dar o último abraço em seus pais conduzidos para as câmaras de gás. Singela é a lembrança do momento em que seu pai trancou a casa e guardou a chave no bolso, um pouco antes de serem levados para o gueto; e terrível foi ouvir a palavra *Vernichtungslager* (campo de extermínio) sussurrada por um homem "de roupa listrada, que parecia judeu".

Mesmo assim e apesar de tudo pelo que passou nos campos nazistas, Hédi Fried não desistiu: "Fui criada como judia e continuei judia." Sem acreditar que o seu Deus seja especial, nos ensina a procurar pelo nosso norte, cada qual à sua maneira, respeitando as diferenças. Com ela, (re)aprendemos que a vida muda o tempo todo, e que o nosso corpo acelera e desacelera, adquirindo novas perspectivas, mesmo diante da velhice que tanto nos preocupa. Assustada e com medo, assistiu a diferentes formas de matar e de morrer nos campos de Auschwitz e Bergen-Belsen, onde milhares e milhares de corpos não tiveram direito a uma lápide ou a uma reza sequer. Daí a sua longa caminhada, desde a sua cidadezinha de Sighet até a Suécia, onde hoje vive, ser delineada por lembranças amargas, inesquecíveis. Entendo que aqui está o seu legado de sobrevivente do Holocausto, que assumiu o papel de agente transformadora da sociedade e formadora das novas gerações.

Depois da sua libertação, Hédi Fried transformou a liberdade e a justiça em itens permanentes dos seus projetos de vida em prol da construção de um mundo melhor. Suas experiências certamente podem nos ajudar a revidar as guinadas políticas que, neste século XXI, (re)colocaram em cena o autoritarismo, o antissemitismo, a xenofobia e o nacionalismo exacerbado.

Creio que uma das lições mais importantes registradas pelo seu testemunho encontra-se nas frases: "Nunca se acostume com a injustiça. Uma injustiça é como um grão de areia na sua mão." Assim como Hédi, nos indignamos com os objetivos da propaganda política idealizada por Goebbels, que serviu para alimentar a imagem de um mundo fictício capaz de competir com o mundo real: uma Alemanha "limpa de judeus", como queria Hitler. Diante de cada explicação, acompanhamos o processo de degradação dos judeus excluídos e o crescimento da violência que, durante doze anos, sufocou os gritos das vítimas judias e não judias.

Assim, esta sua obra deve ser lida como uma voz de protesto contra a degradação da retórica política, a injustiça e o genocídio. Deve ser lida também como expressão representativa da memória coletiva judaica em tempos de extermínio. Suas experiências em diferentes espaços de exclusão, a deportação e o etiquetamento dos corpos com estrelas amarelas e tatuagens devem ser analisados como exemplos eficazes de controle e opressão de seres humanos. Fica evidente que, por meio desse tipo de instrumentalização, o Estado legitimou suas ações assassinas, justificando o uso da força física ou simbólica para enquadrar em parâmetros aceitáveis o exercício da autonomia humana. Daí a necessidade emergencial, como a autora enfatiza, de preservarmos essa memória para que situações como aquela não se repitam.

Através da narrativa que conduz este livro, vamos descobrindo como Hédi Fried dialoga com o passado de injustiças acumuladas ao longo de sua trajetória, ora como jovem estudante, ora como prisioneira de Auschwitz, ora como psicóloga e escritora. Devemos, em qualquer espaço e tempo histórico, lembrar das injustiças e tentar impedir que ocorram novamente, sendo essa uma das mensagens deixadas por Auschwitz. Como enfatizou Theodor Adorno em 1967, essa mensagem "é a primeira de todas para a educação. De tal modo ela precede quaisquer outras que creio não ser possível nem necessário justificá-la"[3]. Esse deve ser o nosso parâmetro como cidadãos portadores de uma ética em prol da memória da injustiça.

Maria Luiza Tucci Carneiro
Universidade de São Paulo

---

3. ADORNO, Theodor. "Educação após Auschwitz", trad. Wolfgang Leo Maar. Disponível em: <https://rizomas.net/arquivos/Adorno-Educacao-apos-Auschwitz.pdf>. Consulta em 22 set. 2020.

PREFÁCIO

Muitos anos se passaram desde que escrevi minha autobiografia, *Skärvor av ett liv: vägen till och från Auschwitz* [Fragmentos de uma vida: o caminho para Auschwitz], e os livros seguintes. Desde então, tenho dado palestras em escolas e universidades com a forte convicção de que a geração mais jovem precisa manter viva a memória do Holocausto se quisermos garantir que ele não se repita nunca mais. O que aconteceu uma vez pode infelizmente acontecer de novo, embora não exatamente da mesma maneira. Para evitar isso, é importante recordar; o passado deixa sua marca no presente e projeta sua sombra no futuro.

No começo de setembro de 1940, a parte norte da Transilvânia foi devolvida à Hungria pela Romênia. No início, fiquei desesperada. A perseguição aos judeus tinha começado, embora não houvesse ainda uma ameaça direta às nossas vidas. Não demorou muito, porém, para que chegassem da Romênia notícias de que os judeus dali estavam sendo mandados para a Ucrânia, onde eram forçados a cavar suas próprias sepulturas antes de serem assassinados. Aí fiquei feliz por pertencermos à Hungria. Acostumei-me às nossas circunstâncias limitadas, e estava contente por não estarmos mais sob o domínio romeno. Ainda posso me ver tricotando meias de lã para as pobres almas que estavam sendo transportadas em trens gelados da Romênia para a Ucrânia e que não tiveram permissão de levar roupas de frio. Então veio março de 1944, a invasão alemã, e eu tive todos os motivos para lamentar não pertencermos mais à Romênia. Os romenos não entregavam seus judeus aos alemães; em vez disso, eles os negociavam com os Estados Unidos e recebiam cem dólares por pessoa.

No final, fui uma das que tiveram sorte. E tive sorte muitas e muitas vezes. Ela começou na época da nossa chegada a Auschwitz, onde minha irmã e eu sobrevivemos à seleção e fomos poupadas das câmaras de gás. Acontecimentos fortuitos então se repetiram diversas vezes durante meu ano de cativeiro. E, mais importante, não acabei em algum dos piores campos de trabalho.

De Auschwitz, fui mandada para três campos de trabalho diferentes, onde geralmente recebíamos a tarefa de fazer a limpeza entre as ruínas. Muitos outros foram colocados em campos onde tinham de trabalhar em turnos em fábricas, minas ou pedreiras subterrâneas. Várias vezes, me vi em situações em que tinha certeza de que chegara meu último momento, mas acontecia algo e eu sobrevivia.

Nos campos, nunca se sabia se uma mudança significaria vida ou morte – embora às vezes a gente não saiba disso nem na vida cotidiana. Levamos uma vida tranquila, os dias passam, não notamos nada. A mudança ocorre pouco a pouco, até que de repente o quadro fica claro e nós nos surpreendemos: como foi que isso pôde acontecer? A vida nos ensina que tudo pode mudar num instante, e nunca se sabe de antemão se a mudança vai levar a algo melhor ou pior.

Minhas palestras escolares consistem geralmente de três partes, com ênfase na terceira. Começam com uma tentativa de retratar as pessoas do passado e suas condições de vida, que contribuíram para tornar o Holocausto possível; continuam com a história da minha própria experiência; e terminam com um amplo tempo para perguntas.

Eu ressalto que não existem perguntas estúpidas, tampouco perguntas proibidas, mas que algumas delas não têm resposta. Não existe, por exemplo, uma única resposta para a pergunta "Por que ocorreu o Holocausto?" E isso torna as outras perguntas em torno dela ainda mais importantes.

Reuni neste livro as perguntas mais comuns que me fazem, para ajudar àqueles que queiram saber mais sobre o Holocausto. Minha esperança é que ele seja lido por jovens de hoje e de amanhã, e que os beneficie.

O objetivo deste livro é nos ensinar a evitar erros históricos. Espero que todo mundo que o leia possa perceber que não somos predestinados a estar no papel nem de carrasco nem de observador. Como indivíduos, temos uma vontade e uma responsabilidade, e só assumindo essa responsabilidade é que podemos evitar que a história se repita mais uma vez.

Hédi Fried, dezembro de 2016 (atualizado em julho de 2018)

**QUAL FOI A PIOR COISA
QUE ACONTECEU COM VOCÊ?**

Se a pergunta é sobre qual foi a pior coisa individual que me aconteceu, posso responder numa única sentença: o momento em que fui separada dos meus pais.

Mas quero dar uma resposta mais longa. Vou lhes contar sobre o caminho que me levou até lá. O extermínio dos judeus planejado pelos alemães foi um processo muito lento, calculado de forma muito inteligente. Da mesma maneira que o olho não consegue observar a metamorfose gradual de uma flor, desde o botão até uma rosa totalmente desabrochada, nós também não notamos os passos pequenos, quase imperceptíveis, que acabariam levando à completa execução do plano deles – uma coisa que ninguém poderia imaginar nem nos seus sonhos mais terríveis. De repente foi introduzida uma mudança para pior, mas ainda algo com que se podia conviver. Isso vai passar, pensávamos nós. Mas não passava. Em vez disso, havia outra mudança. Mais uma vez, reagíamos com esperança de que aquilo também passaria logo. Nunca sabíamos qual seria a próxima mudança, ou quando ela viria.

Apesar de tudo pelo que passei, tive sorte. A pior coisa que podia acontecer com uma pessoa não aconteceu comigo. Para começar, não fui capturada na rede dos alemães até quase o fim da guerra, na primavera de 1944, quando a maioria dos judeus da Europa já tinha sido feita prisioneira.

Eu nasci em Sighet, uma pequena cidade na Romênia, na parte norte da Transilvânia, uma área pela qual húngaros e romenos vinham lutando por muitos séculos. Mesmo hoje, ambos alegam ter direito sobre a região. Antes da Primeira Guerra Mundial, a região era húngara e pertencia à monarquia austro-húngara. Depois do Tratado de Trianon, em 1920, passou para a Romênia. E, quando a Segunda Guerra Mundial irrompeu, houve pressão da Alemanha para que a área fosse devolvida à Hungria[4]. Em setembro de

....

4. Depois da Segunda Guerra Mundial, a cidade de Sighet passou a pertencer oficialmente à Romênia por intermédio do Tratado de Paris (1947), recebendo o nome de Sighetu Marmației. (N. do E.)

1940, os húngaros entraram marchando no norte da Transilvânia e o nosso destino foi selado.

Algumas das Leis de Nuremberg foram implementadas imediatamente, o que significou que a situação financeira dos judeus foi ficando cada vez mais terrível. Servidores públicos judeus foram demitidos. Médicos e advogados judeus só tinham permissão de tratar ou representar outros judeus. Não era permitido a não judeus fazer compras em lojas judaicas. Escolas e universidades foram fechadas a crianças e jovens judeus. Era ruim, mas a nossa vida não estava ameaçada. E a gente consegue se acostumar a qualquer coisa.

Uma das lições do Holocausto é esta: nunca se acostume com a injustiça. Uma injustiça é como um grão de areia na sua mão; sozinho, o peso dele parece insignificante, mas as injustiças têm a tendência de se multiplicar, e logo se tornam tão pesadas que você não consegue mais aguentá-las.

E ainda levaria algum tempo até que a injustiça seguinte viesse a ocorrer.

Nós nos ajustávamos às circunstâncias e, considerando o que estava acontecendo na Alemanha e no resto do mundo, nos sentíamos felizes por ainda vivermos sem perigo iminente para nossas vidas.

Hitler não aceitava que os 800 mil judeus da Hungria ainda estivessem vivendo em razoável conforto, e exigiu sua extradição. Inicialmente, o chefe de Estado húngaro Miklós Horthy recusou, mas foi preso, e os alemães nomearam o líder do movimento nazista Cruz Flechada, Ferenc Szálasi, como primeiro-ministro. Szálasi também queria se livrar dos judeus, e, em 19 de março de 1944, a fronteira foi aberta para tropas alemãs.

Desse dia em diante, as coisas começaram a acontecer com muita rapidez. Imediatamente os judeus húngaros receberam ordens de confeccionar uma estrela amarela e a usar costurada nas suas roupas quando em público. Judeus não eram permitidos nas ruas, a não ser que estivessem encarregados de missões urgentes; não podiam parar e conversar entre si, nem ir ao cinema, nem comer em restaurantes, nem permanecer nos parques. Essas coisas simplesmente tinham de ser aceitas; a desobediência era punida com a morte. Era, novamente, apenas mais um passo, e todo mundo esperava que não fosse haver outros. Mas houve.

Mal tinham se passado quatro semanas e fomos informados de que, já no dia seguinte, começaria a realocação dos judeus da cidade. Todos seriam transferidos, rua por rua, para o recém-planejado gueto na parte norte da cidade. Nossa rua foi a primeira. A gente tinha permissão de levar o que conseguisse carregar. Carrinhos de mão eram permitidos.

Quando começamos a empacotar as coisas, dei uma volta pela casa e me despedi daquelas que achava difícil deixar para trás. Primeiro, escondi meus diários debaixo da cumeeira do telhado. Depois, toquei piano pela última vez e acariciei a tampa ao fechar. Corri os olhos pela estante de livros, afaguei meus companheiros impressos e saí para o quintal para dar um abraço em Bodri, nosso fiel cão de guarda. Tentei acalmar a nós dois com o pensamento de que o vizinho com certeza não se esqueceria de cuidar dele. De volta para dentro, parei na frente da fotografia dos meus avós e lhes pedi para guardarem a casa enquanto estivéssemos fora.

Eu estava convencida de que era só uma questão de tempo até estarmos de volta. A guerra já não ia bem para os alemães: a Rússia acabara se revelando um osso mais duro de roer do que eles tinham pensado. Na minha ingenuidade, eu achava que em breve os alemães perderiam, a Romênia recuperaria a posse de seus territórios, tudo voltaria ao normal e eu poderia retornar à universidade.

Na manhã seguinte, acordei para a realidade. Os gendarmes[5] vieram, o meu pai trancou a casa, pôs a chave no bolso, e nós fomos levados para o gueto. Começava então uma época ainda mais difícil. Porém, mais uma vez, era preciso se acostumar. E a esperança de um fim rápido para a guerra ainda estava lá.

Novamente, mal tinham se passado quatro semanas – apenas dois meses depois da invasão dos alemães – quando ouvimos baterem o tambor na esquina da rua e anunciarem: "Atenção, atenção! Os judeus vão ser transferidos do gueto. Eles devem empacotar vinte quilos cada um e se postar diante de seus portões amanhã, prontos para *Abtransport*, serem levados embora."

Para onde? Ninguém sabia. A minha mãe ficou desesperada. "Eles vão nos matar", ela disse, chorando.

Eu não podia aceitar o derrotismo dela e retruquei: "Não, por que haveriam de nos matar? Nós não fizemos nada. Você vai ver que vão nos mandar para o interior da Hungria para trabalhar nos campos. Os homens estão todos no *front*, eles precisam da mão de obra para as plantações da primavera."

....

5. Policiais da força militar encarregados de zelar pela ordem e segurança pública, agindo geralmente de forma autoritária. Criada na França, a ideia de uma gendarmaria foi disseminada por vários outros países. (N. do E.)

E ela se permitiu ser confortada.

O que você leva quando tem permissão de carregar só vinte quilos? A minha mãe embrulhou principalmente comida, coisas que se conservassem. Nós vestimos várias camadas de roupa e calçamos sapatos robustos. Numa pequena sacola, pus um conjunto de roupas de baixo, meu diário e um livro de poemas do meu poeta favorito, Attila József. Não podíamos prever que até mesmo isso, nossas últimas posses, seria tirado de nós.

Na manhã seguinte, ficamos parados na frente do portão com a nossa bagagem. Fizeram com que formássemos filas de cinco e nos obrigaram a marchar através das ruas da cidade rumo à estação de trem, onde os vagões de gado estavam esperando.

"Para oito cavalos", dizia a lateral do vagão, e fomos empurrados para dentro, cem pessoas em cada vagão. Estava escuro e atulhado de gente. Só um buraquinho deixava entrar um pouco de luz e ar. Nós nos amontoamos da melhor forma possível, mas mesmo assim não havia espaço suficiente para todo mundo sentar. Dois baldes de água e outros dois para fazermos as nossas necessidades foram deixados lá dentro, as portas de correr foram puxadas, fechadas e trancadas, e o trem começou a andar. A viagem levou três dias e três noites nas circunstâncias mais desagradáveis. Foi pontuada de paradas intermitentes, enquanto o fedor e a sede se tornavam insuportáveis. Imploramos por ajuda mas não adiantou, nada aconteceu até a noite de 17 de maio. Foi quando chegamos a Auschwitz.

**POR QUE HITLER
ODIAVA OS JUDEUS?**

Lembro-me de uma piada macabra que era contada durante a guerra. Jacó pergunta a Daniel: "Quem começou a guerra?" E Daniel responde: "Os judeus e os ciclistas." "Por que os ciclistas?", pergunta Jacó. "Por que os judeus?", replica Daniel.

Enquanto crescia, aos poucos fui tomando consciência do mundo fora do meu quartinho, o mundo grande. Fui percebendo que outras crianças viviam em condições diferentes, que nem todo mundo falava a mesma língua, que nem todo mundo ia à sinagoga como eu. Ao ficar mais velha, compreendi mais as conversas dos meus pais, e comecei a sentir medo. O que estava acontecendo? Os meus pais falavam de política, das próximas eleições e do risco de nós, judeus, ficarmos em apuros se o partido antissemita dos agricultores ganhasse. Os liberais ainda estavam no poder, e eu me sentia tremendamente orgulhosa de o irmão mais velho do meu pai ser membro do parlamento. Ao mesmo tempo, escutava as discussões sobre a Alemanha, um país distante onde um partido que perseguia os judeus estava no poder. "Por quê?", eu perguntava.

O meu pai me contou a história do antissemitismo. Muito tempo atrás, as pessoas acreditavam em diferentes deuses. Em Ur, na Mesopotâmia, havia uma pequena tribo comandada por um homem chamado Terá, que construía ídolos. Seu filho, Abraão, duvidava de que alguns pedaços de argila sem vida pudessem governar o mundo. Ele chegou à conclusão de que devia haver um poder superior, invisível. Aí nasceu uma nova religião – o monoteísmo, a crença num Deus verdadeiro – e Abraão tornou-se seu pai fundador. A essa religião foi dado o nome de judaísmo, e ela se espalhou. Mas o resto do mundo teve dificuldade em aceitá-la.

Depois do nascimento de Cristo, um novo tipo de monoteísmo começou a se espalhar. Ficou conhecido como cristianismo. O próprio Jesus era judeu, um rabino de uma das várias facções judaicas. Logo, mais pessoas estavam seguindo a doutrina de Jesus, e seus discípulos saíram para o mundo para converter pagãos. Os profetas cristãos tentaram convencer os judeus a adotar o cristianismo, mas, quando estes se recusaram terminantemente, foram acusados de matar Cristo. A perseguição aos judeus tomou formas cada vez mais odiosas.

Várias acusações infundadas começaram a se espalhar e perseguições aos judeus tornaram-se comuns ao longo dos séculos. Duas dessas acusações em particular sobreviveram até hoje, apesar de sua falta de fundamento ter sido repetidamente provada.

Uma delas é que os judeus matam criancinhas e usam seu sangue para assar pães na Páscoa. A primeira vez que esse boato se espalhou foi na Idade Média, numa aldeia do Leste Europeu. Um dia, no começo da primavera, um menino cristão desapareceu, e o padeiro judeu da aldeia foi acusado de ter assassinado a criança para usar seu sangue no preparo do pão da Páscoa. Falsas testemunhas foram convocadas, alegando que tinham visto o incidente. Isso foi suficiente para que os moradores da aldeia dessem início a um *pogrom*[6]: eles se armaram com porretes e marcharam sobre os judeus, dispostos a matar até o último deles.

Mais tarde, quando o gelo que cobria o lago próximo à aldeia derreteu, o corpo do menino morto flutuou na superfície. Mas isso não adiantou. Logo, a aldeia vizinha faria as mesmas acusações quando uma criança desapareceu no gelo. O último julgamento com base nessa alegação foi realizado em 1883, na Hungria.

A outra acusação infundada foi uma mistura de mentiras que se originou na Rússia czarista, compiladas num panfleto intitulado *Os Protocolos dos Sábios de Sião*. Era uma invenção a respeito do fato de os judeus deterem várias posições de liderança no mundo todo. Numa reunião no fim do século XIX, alegava o panfleto, os judeus tinham elaborado um plano detalhado para conquistar domínio global. Hitler tomou esse velho boato paranoico como verdade inquestionável, o que levou ao seu medo dos judeus, que se manifestou por meio de um ódio agressivo e sua determinação de exterminar até o último deles.

O ódio de Hitler pelos judeus era tão grande que se podia dizer que ele não estava travando guerra contra os Aliados, e sim contra os judeus. Mes-

....

6. Surgido na Rússia czarista no fim do século XIX, consistia em ataques violentos, pilhagens e assassinatos praticados pela própria população contra uma comunidade ou etnia, especialmente judeus, muitas vezes com a anuência das autoridades. (N. do E.)

mo quando não havia mais lugar nos trens para transportar soldados para o *front*, ele continuou a mobilizar vagões de carga para o transporte de judeus para Auschwitz.

Paradoxalmente, a população alemã de forma geral não era antissemita. Havia, portanto, uma forte necessidade de fomentar o antissemitismo entre o povo, e Goebbels, ministro da Propaganda, foi engenhoso nesse trabalho. Filmes, arte, literatura, educação – tudo era permeado pela doutrina antissemita. Preconceitos foram consolidados, e era ensinado a toda criança alemã que os judeus não eram gente, que deviam ser destruídos. Judeus eram vermes a serem exterminados, judeus eram um tumor canceroso no corpo limpo e puro do Reich, e o câncer precisava ser extirpado.

Eis uma resposta simples para a pergunta: Hitler odiava os judeus porque eram judeus.

COMO ERA A SUA VIDA ANTES DA GUERRA?

A vida na tranquila cidadezinha de Sighet era bastante monótona. Os cerca de 30 mil habitantes da cidade eram compostos de incontáveis minorias étnicas, das quais os judeus eram os mais numerosos. Quando penso nisso, alguns acontecimentos vêm à tona na minha memória, acontecimentos que ilustram como era minha vida:

Eu estava com três anos de idade e tinha começado a pré-escola. Eu me sentia amadurecida, e depois de alguns dias insisti que ninguém devia me buscar; queria voltar andando para casa sozinha. A minha mãe não queria concordar, mas no fim a minha teimosia triunfou. Era meio-dia e um grupo de crianças pequenas saía pelo portão, a caminho de casa, comigo no meio. Alguns iam para a direita, outros para a esquerda. Eu estava avidamente absorta numa discussão com uma amiga mais velha e não no caminho que eu devia pegar para chegar em casa. Sem olhar em volta, acompanhei a minha amiga e me juntei ao grupo que ia para a esquerda.

Enquanto andávamos, notei que mais e mais crianças ficavam pelo caminho, até que só restamos eu e minha amiga, batendo papo distraídas. Mas logo as palavras congelaram nos meus lábios, quando ela também parou na frente de um portão. Eu estava completamente sozinha. Só então olhei em volta e vi que não sabia onde estava. Fiquei apavorada, percebendo que estava perdida. Comecei a chorar.

Uma mulher se debruçou numa janela e perguntou por que eu estava chorando. Respondi que não sabia o caminho para casa.

"Qual é o seu nome?", ela indagou.

"Hédike", respondi.

"Você é de quem?"

"Do meu pai."

"Onde você mora?"

"Numa casa com portão vermelho."

"Não chore, Hédike", a mulher continuou, "vou levar você para casa." A cidade era suficientemente pequena para que ela ainda me reconhecesse, pois eu era parecida com o meu pai.

A maioria das pessoas em Sighet se conhecia, mesmo que elas não tivessem convívio social. A vida corria de maneira semelhante entre os diversos grupos sociais, que eram determinados por classe, não por etnia. Havia os muito pobres e os ligeiramente mais ricos. Minha família pertencia a este último grupo. Todo mundo nesse grupo tinha ajuda doméstica; hoje em dia, a gente poderia chamar de empregada.

Anna, a nossa empregada, acordava às seis horas. Acendia o fogo do aquecedor para não acordarmos numa sala gelada. Anna precisava ficar nos cutucando para levantar; tínhamos frio e não queríamos sair da cama. Então ela nos vestia, nos dava o café da manhã e nos levava à escola. Só então é que os meus pais acordavam. Depois do café, a minha mãe e o meu pai iam ao mercado fazer compras.

QUANDO VOCÊ PERCEBEU QUE A SUA FAMÍLIA ESTAVA EM PERIGO?

Quando você percebeu que a sua família estava em perigo?

Não consigo me lembrar de quando tomei consciência de que a minha família podia estar em perigo. Mas, quando percebi, soube que era o tipo de perigo que todos os judeus enfrentavam, não só a nossa família. Esse pensamento devia estar criando raízes por muito tempo antes de vir à tona na minha consciência durante a juventude.

Começou quando eu tinha catorze anos e estava apaixonada por um homem que trabalhava na agência do correio. Havia boatos de guerra no ar, e as escolas estavam treinando jovens para ajudar no caso de o conflito explodir. Tínhamos permissão de escolher uma área na qual aprenderíamos a ser úteis. Alguns escolheram o hospital para aprender enfermagem, outros a força policial. Eu queria entrar no serviço postal.

Éramos seis estudantes indo a pé até o correio, liderados pela nossa professora de arte. Eu estava feliz e empolgada, prestes a ver o meu querido, e logo estaria aprendendo código Morse, algo que eu desejava muito. Fomos saudados pelo chefe da agência, que nos recebeu cerimoniosamente, explicando a incerteza do clima político, a importância do serviço postal nesse contexto, como tudo o que acontece no correio é sigiloso... Aqui, ele fez uma pausa brusca, olhou em volta e disse: "Presumo que todo mundo aqui nesta sala seja romeno, não?"

A professora olhou para mim e disse, hesitante: "Não... Nem todo mundo."

O chefe da agência do correio abaixou o papel que tinha na mão e disse: "Neste caso, não podemos continuar." Tivemos de voltar para casa.

Naquele dia voltei para casa chorando muito, e a minha mãe ficou aterrorizada. Ela temeu o pior. "O que aconteceu?", perguntou, repetidas vezes. Eu só soluçava. Finalmente, consegui contar a ela. Eu estava tão zangada e humilhada que queria que a minha mãe me prometesse que iríamos embora do país. Eu não podia continuar vivendo num lugar que me olhava de cima para baixo, que me via como uma cidadã de segunda classe. Nesse meio-tempo, o meu pai chegou para almoçar, e os dois ficaram ocupadíssimos tentando me consolar e fazer com que eu mudasse de ideia. Tentaram explicar que não tínhamos para onde ir, que o antissemitismo existia em todos os países do mundo e que, enquanto não tivéssemos um país nosso, não tínhamos escolha: precisávamos nos acostumar a isso. Eu não queria me acostumar, eu não ia aceitar aquilo, mas acabei me acalmando. Esse foi provavelmente o meu primeiro despertar.

À medida que o tempo passava, a ameaça ia chegando cada vez mais perto. Os judeus estavam em perigo, e isso incluía a minha família. Não me lembro de nenhum medo consciente. Era, na verdade, uma pressão inexplicável, chata, mas incessante no meu peito, às vezes mais intensa, às vezes mais fraca, mas que nunca ia embora. Um ser humano não quer acreditar que coisas ruins possam lhe acontecer. E eu também queria acreditar no oficial da SS (a força policial de elite de Hitler) que disse ao meu pai que tudo o que ele tinha ouvido sobre a perseguição aos judeus eram apenas boatos. "Os alemães são gente civilizada", ele tinha dito.

Às vezes penso no que a minha mãe me disse sobre se acostumar, e o quanto isso é fácil.

Eu dizia na época que nunca iria me acostumar. Mas, quando olho para trás, percebo que foi exatamente isso que eu fiz. A vontade de viver, numa pessoa, é tão forte que ela não desiste até sentir o fio da navalha contra sua garganta. E a essa altura ela pode ter ficado tão apática que simplesmente pensa consigo mesma: "Não importa, só quero que seja rápido." Era isso que eu pensava quando, ao chegarmos a Auschwitz, um prisioneiro me disse que tínhamos entrado num campo de extermínio. Então era a morte que nos era reservada? Sendo assim, que fosse rápida.

Mais tarde, quando fui separada da minha mãe, um sentimento de alívio se instalou em mim. Percebi que os jovens estavam sendo poupados. Mas, ao mesmo tempo, uma pesada tristeza me tomou. "Minha mãe, o que vai acontecer com a minha mãe?" E até hoje não ouso levar esse pensamento até sua conclusão.

Injustiças devem ser podadas quando brotam. Na Alemanha, deveria ter havido protestos no começo dos anos 1930. Eles só ocorreram alguns anos depois, e aí já era tarde.

COMO FOI POSSÍVEL A UM POVO INTEIRO SEGUIR HITLER?

O racismo que levou ao Holocausto tem raízes que vêm do passado. Era uma questão de manter o rebanho unido, uma questão de ganância e medo. Eram essas as emoções que Hitler explorava para recrutar membros para o Partido Nazista.

Os discursos inflamados de Hitler clamavam por unidade dentro da grande raça germânica e pela reconquista de terras perdidas, e falavam do medo de uma conspiração mundial judaica que abarcava tanto o capitalismo quanto o comunismo. As pessoas estavam descontentes com a situação na Alemanha na época, com políticos fracos e alto desemprego. Hitler jogou com o sentimento de traição que muitos alemães sentiam no fim da Primeira Guerra Mundial: a pátria humilhada e o sofrimento do povo que exigia reparação. Ele clamava por unidade nacional, prometendo pão e trabalho.

No começo dos anos 1930, o nazismo não tinha muitos seguidores. Graças ao carisma e ao poder de fala de Hitler, porém, mais e mais gente começou a se juntar a ele. Eram pessoas de todas as camadas da sociedade – industriais e líderes empresariais que achavam que podiam lucrar com sua política, militares que gostavam de ideias racistas, pessoas comuns que estavam cansadas da pobreza e mulheres que sucumbiam ao seu encanto.

Hitler exercia uma força hipnótica sobre as mulheres, e elas se tornaram suas eleitoras mais leais. Parece estranho nos dias de hoje, pois, segundo ele, o papel das mulheres podia ser resumido pelos três Ks, ou seja, *Kinder, Küche, Kirche* (crianças, cozinha, igreja).

Hitler era ajudado por pessoas habilidosas. Eles tinham como alvo os jovens, e conceberam uma propaganda poderosa por meio de filmes, literatura e arte. Os judeus eram caricaturados, colocados no mesmo nível de pragas e vermes. A propaganda antissemita era dirigida a todos os grupos etários: começava visando crianças pequenas, continuava nos livros e textos escolares, e terminava com literatura e filmes para adultos. Até hoje, o filme *O triunfo da vontade*, de Leni Riefenstahl, é visto como o protótipo da propaganda efetiva.

Nos textos escolares havia elementos de propaganda em toda matéria. O seguinte problema de matemática, tirado de um livro do ensino médio publicado em 1935, é apenas um exemplo: "Quantos empréstimos do governo seria possível conceder a recém-casados com a quantia de dinheiro que o governo gasta cuidando de inválidos, criminosos e insanos?"

Grande ênfase era posta na educação física dos jovens, que deveriam ser fortalecidos física e mentalmente. Eram recrutados para a *Hitlerjugend* (Juventude Hitlerista), em que a vida e a camaradagem dos acampamentos os transformavam nos mais fiéis lacaios do Führer. As moças tinham seu próprio subgrupo, *Bund Deutscher Mädel* (a Liga das Moças Alemãs), em que eram treinadas para ser cidadãs-modelo e criadas para se tornar mães de muitos filhos.

Apesar do crescente apoio a Hitler, a população em geral não era antissemita. Poucos eram seduzidos pela propaganda antissemita. Alguns entravam para o partido porque queriam experimentar algo novo, outros por causa da pressão dos colegas.

Um homem, um jovem estudante de direito na época, me explicou como dois de seus bons amigos, que inicialmente tinham sido totalmente contra Hitler, aos poucos foram mudando de ideia. Um deles se justificou dizendo que nenhum dos partidos tinha uma solução para a pobre situação política e financeira do país, e que poderia então ser hora de tentar alguma coisa nova. O outro foi atraído pelo sempre crescente número de membros do partido, e começou a pensar que "as massas não podiam estar erradas". O então estudante que me contou a história nunca se deixou influenciar: em vez disso, mudou-se para o exterior. Com o tempo, cada vez menos pessoas se opunham ao nazismo.

POR QUE VOCÊS NÃO REAGIRAM?

Reagir ativamente em 1944 teria sido suicídio. Deveria ter havido resistência ativa *antes* de os nazistas conquistarem o poder. Mas resistência passiva ainda podia ser encontrada em Sighet. Células comunistas eram organizadas na surdina. Tudo era muito secreto, e eu, a integrante mais jovem, tive permissão de participar do treinamento ideológico. Li Marx e Engels, e em pouco tempo me tornei uma comunista dedicada que, em vez de rezar a oração vespertina que o meu avô tinha me ensinado, agora cantarolava baixinho "A Internacional" na hora de dormir. Víamos no comunismo nossa única potencial salvação do nazismo, e muitos jovens fugiram pela fronteira para a vizinha União Soviética, em parte na esperança de serem salvos, mas também na esperança de serem capazes de combater ativamente os alemães atrás das linhas soviéticas.

Um dia, no fim da década de 1940, depois que a guerra tinha acabado, a campainha da minha casa em Aspudden, na Suécia, tocou. Atendi a porta e deparei com dois homens jovens que não reconheci. Eles se apresentaram como Moishi Kaufmann e David Stern, ex-trabalhadores da pequena fábrica de cartolina do meu pai. Lembrei-me de um deles – estava entre aqueles que tinham fugido para a União Soviética. Sempre o invejei por ter ousado ir embora e, assim, escapado do Holocausto. Mas então ouvi uma história totalmente diferente.

Certa noite, ele e seu amigo tinham escalado até Solovan, uma colina nos montes Cárpatos, para se encontrar com um guia que iria ajudá-los a cruzar a fronteira com a União Soviética. Depois de lhe pagar com o que restava das suas economias, eles foram tateando através da floresta densa e escura. Durante o dia se escondiam e dormiam algumas horas, prosseguindo à noite. Depois de três dias, alcançaram a fronteira, onde o guia lhes deu instruções para a viagem que tinham pela frente. Dali em diante teriam de achar seu próprio caminho, seguindo até chegar a um vale, onde a liberdade os esperava. Continuaram andando, mas a floresta parecia não terminar nunca.

Eles se perderam, esgotaram suas provisões e ainda não tinham visto ninguém. Depois de alguns dias, foram parados por guardas da fronteira que lhes fizeram perguntas e os levaram diretamente para a prisão. Sua explicação – que eram judeus, comunistas dedicados fugindo dos alemães – de nada adiantou. Os russos pensaram que fossem espiões alemães. Sem nenhuma outra explicação, foram postos num trem com centenas de outras pessoas e, depois de uma viagem de muitas semanas, foram deixados em Vorkuta, nos confins da Sibéria.

Muito mais tarde, depois de terem enfrentado por vários anos as mais difíceis condições que se possa imaginar, eles finalmente conseguiram fugir do campo. Acabaram chegando à Finlândia, onde descobriram que a guerra já tinha acabado. Foram então para a Suécia, e estavam em Estocolmo, esperando para viajar para a Palestina.

Enquanto alguns fugiram para a União Soviética, outro jeito de montar uma resistência passiva era se esconder nas montanhas. Houve pouca gente em Sighet que tentou, mas nenhuma dessas pessoas teve êxito. Foram entregues por agricultores antissemitas que viram uma possibilidade de ganhar algum dinheiro.

Na época em que chegamos ao campo, a maioria de nós estava apática demais para travar uma luta. Ninguém tinha força para pensar, a gente simplesmente seguia ordens. Você se apegava à vida, não importanto o quanto parecesse difícil. Só quando os prisioneiros percebiam que a situação era absolutamente irremediável, terminando em morte de qualquer maneira, é que reagiam ativamente.

Os prisioneiros de Sobibor tentaram fugir em massa do campo. Só tiveram sucesso em parte. Alguns conseguiram escapar, mas a maioria foi baleada ou morreu de alguma outra forma nas florestas ao redor.

Em Varsóvia ficou claro que o gueto inteiro seria liquidado, e que ninguém escaparia do transporte para as câmaras de gás. Com o auxílio de armas contrabandeadas para dentro do gueto pelo movimento de resistência polonês, os prisioneiros sustentaram a luta por quarenta dias. Alguns conseguiram fugir através dos esgotos. No final, a SS incendiou o gueto, e apenas vinte sobreviventes foram levados para fora.

No outono de 1944, os *Sonderkommando* – prisioneiros que trabalhavam nos crematórios 3 e 4 em Auschwitz – decidiram explodir os edifícios. Sabiam que, independentemente disso, iriam para as câmaras de gás: os homens dos *Sonderkommando* eram substituídos rotineiramente a cada seis meses; sabiam demais para terem permissão de ficar vivos. Eles fizeram contato com seis moças que trabalhavam na fábrica de munições vizinha e lhes pediram para contrabandear alguns explosivos. A explosão teve êxito, e os alemães ficaram furiosos. Os homens foram para as câmaras de gás e as moças foram enforcadas na presença de todos no campo.

DO QUE VOCÊ SE LEMBRA DA SUA CHEGADA A AUSCHWITZ?

Foi no meio da noite de 17 de maio de 1944. Os vagões de gado com sua carga humana de 3.007 judeus húngaros de Sighet pararam num desvio lateral da ferrovia, engataram a marcha à ré, seguiram em frente e fizeram uma pausa, apenas para repetir brevemente o procedimento. Fomos para a frente e para trás por várias horas, até que eles finalmente decidiram parar diante de uma estação que dizia "Auschwitz".

As portas foram ruidosamente abertas, brilhantes holofotes nos cegaram, e irrompeu um barulho infernal. Os rugidos dos oficiais da SS se misturavam com o latido de cachorros e o choro de crianças. Tivemos de sair do vagão o mais depressa possível, homens para a direita, mulheres para a esquerda. Tudo o que havíamos trazido conosco devia ser deixado para trás. Homens de roupas listradas com cassetetes ajudavam os oficiais a esvaziar o vagão. "Rápido, rápido" – *schnell, schnell* –, diziam eles. Famílias ficaram ali paradas, impotentes, sem querer se separar. Enquanto os cassetetes voavam pelo ar e os oficiais da SS falsamente nos tranquilizavam dizendo que no dia seguinte voltaríamos a nos reunir e a nossa bagagem nos seria entregue, éramos reunidos à força na plataforma.

Meu pai e eu ficamos para trás. Aonde tínhamos chegado? Não pudemos ver nenhum oficial da SS no vagão, então o meu pai foi falar com um dos homens de roupa listrada, que parecia judeu. Depois de lançar um rápido olhar em volta, ele sussurrou: "*Vernichtungslager.*" Campo de extermínio. Naquele momento, me dei conta de que a minha mãe provavelmente tinha sentido o que estava por vir quando disse "eles vão nos matar".

Sob uma enxurrada de latidos, insultos e xingamentos alemães, as pessoas, desorientadas e chorando, desceram correndo do trem, tentando evitar os golpes. Familiares se perderam uns dos outros na confusão, sem chance de se despedir. Rápido, rápido, eu também tive de pular para a plataforma e ficar de pé perante o meu juiz. Desci do vagão num salto e respirei fundo. Depois de três dias num vão apertado e fedorento, foi um alívio poder respirar aquele ar, mesmo que estivesse pesado e com um odor horrível, pungente. Os holofotes cruzavam a escuridão da noite com um brilho enevoado. Jogavam sua luz sobre a multidão angustiada, os trilhos cintilantes e os canos das armas dos soldados da SS.

A minha mãe, com a minha irmã de um lado e eu do outro, seguiu a fila de mulheres na direção de uma cerca de arame farpado, onde o dr. Mengele, o médico nazista que se tornaria infamemente famoso por seus cruéis experimentos em prisioneiros judeus, estava parado esperando. Com um rápido movimento do seu chicote, ele mandou a minha mãe para a direita e a minha irmã e eu para a esquerda.

Essa foi a noite em que perdi os meus pais. Eles foram conduzidos à casa de banhos, levados a acreditar que tomariam uma ducha, mas, em vez disso, foi o Zyklon B[7] que preencheu o box.

Nunca cheguei a me despedir da minha mãe e do meu pai, nunca pude dar um último abraço neles.

....

7. Marca registrada de um pesticida usado pelos nazistas para assassinar os prisioneiros nas câmaras de gás. (N. do E.)

O QUE SIGNIFICOU TER A SUA IRMÃ JUNTO COM VOCÊ NOS CAMPOS?

Depois de sermos separadas dos nossos pais, a minha irmãzinha, Livi, e eu nos demos as mãos e começamos a andar. Só tínhamos uma à outra. O meu pai já tinha sido levado de nós, no vagão do trem, e agora a minha mãe... Eu não ousava pensar no que aconteceria com eles. Meu coração queria saltar fora do peito. A única pessoa a quem eu tinha para me apegar naquele momento era a minha irmã. E segurei a mão dela com toda a força, o tempo todo. Eu não sabia como era importante termos uma à outra. Isso ficaria claro com o passar dos meses. Daquele momento em diante, estávamos grudadas. Não soltávamos nossas mãos, uma não se movia sem a outra, dormíamos lado a lado.

Olhando para trás, me parece uma transformação notável. Durante toda a nossa infância, tínhamos sido como cão e gato. O ciúme florescia, brigávamos com mordidas e unhadas, eu nunca a queria por perto. Mas, no campo, a responsabilidade de ser a irmã mais velha baixou sobre mim; eu a defenderia com todas as minhas forças. Em diversas ocasiões, porém, foi ela quem me ajudou, até salvando a minha vida.

Em Auschwitz, muitos dos outros prisioneiros sentiam ciúme de nós, que tínhamos uma à outra. Pessoas que já estavam lá havia muito tempo diziam que aqueles que estavam sozinhos perdiam facilmente a vontade de viver. Se você não estava sozinho, a responsabilidade que sentia pelo outro ajudava a impedir que a vontade de viver desaparecesse.

No campo, era o acaso que governava a vida. Todo dia tinha suas surpresas. Você nunca sabia onde trabalharia no dia seguinte, e, depois de um curto tempo num campo de trabalho, podia ser transferido para outro. O comando do campo não queria que a gente se sentisse muito à vontade em lugar nenhum. Eles tinham medo de que formássemos laços de amizade que nos ajudassem a nos revoltar ou fugir. Nesses momentos, amigos podiam ser facilmente separados, e foi isso que aconteceu comigo e com Livi em Auschwitz, quando um grupo de trabalho foi reunido. Eu fui escolhida, e ela deveria ficar para trás. Contrariando todas as possibilidades, consegui voltar sorrateiramente até o alojamento onde ela estava. Felizmente, nunca mais fomos separadas.

COMO ERA VIVER NOS CAMPOS?

Como era viver nos campos?

A maioria das pessoas está pensando em Auschwitz quando faz essa pergunta. Mas havia uma grande diferença entre as condições nos campos de extermínio e nos campos de trabalho.

Os campos de concentração não são uma invenção alemã, e os alemães não foram os únicos a fazer uso deles. Os ingleses tinham campos na Índia, tanto antes da guerra quanto durante ela. Ali, por medo de espionagem, eles agrupavam cidadãos de países inimigos. Nesses casos, um campo de concentração significava uma área isolada onde os que lá estavam trancados eram libertados depois da guerra.

Por outro lado, os campos de concentração alemães foram construídos para pessoas que deveriam ser presas indefinidamente, devido à sua etnia, religião ou orientação sexual. Essas pessoas eram usadas e abusadas, e o objetivo final era livrar-se delas. Havia seis campos de morte com câmaras de gás e crematórios: Auschwitz, Treblinka, Belzec, Sobibor, Chelmno e Majdanek. O assassinato tornou-se ali uma operação industrial: entra um ser humano, saem cinzas. Todos esses campos estavam localizados em território antes polonês ou ucraniano. Eram campos de extermínio: o objetivo era que ninguém sobrevivesse.

Campos como Bergen-Belsen e Theresienstadt não tinham crematórios. Os prisioneiros não iam para as câmaras de gás. Não eram campos de extermínio, mas eram igualmente desumanos; as pessoas morriam aos milhares de fome, doença e maus-tratos.

Quando chegamos a Auschwitz, eles já tinham nos despido de tudo o que possuíamos, até mesmo as roupas do corpo. Mas ainda tínhamos força para trabalhar, e essa força era posta em uso. As fábricas precisavam de mão de obra enquanto todos os homens estavam no *front*, então foi estabelecido um grande número de campos de trabalho, espalhados por todo o Reich. Nesses campos, os prisioneiros tinham de realizar trabalho desumano, enquanto sofriam maus-tratos e recebiam escassos suprimentos de comida.

Mas, como mencionei, a maioria das pessoas que fazem essa pergunta quer saber como era a vida em Auschwitz.

Em suma, pode-se dizer que era como viver numa bolha cinzenta. O chão era cinza de poeira, os alojamentos eram cinza, a roupa dos prisioneiros era cinza, o céu era cinza de fumaça. Era uma vida no limbo. O tempo não existia, a gente não sabia se estava lá por um dia, um ano, a vida inteira...

Quero citar um sobrevivente, Yehiel De-Nur[8], que testemunhou contra Adolf Eichmann[9] no seu julgamento e disse:

> *Auschwitz era outro planeta. O tempo passava numa escala diferente do tempo aqui na Terra. Ali não nasciam crianças, e ninguém morria de morte natural. Pais não tinham filhos, filhos não tinham pais.*

O propósito de poupar alguns prisioneiros de serem exterminados nas câmaras de gás era vendê-los a fábricas onde poderiam se esgotar trabalhando até não lhes restar mais nenhuma força. Os pedidos chegavam de vez em quando, e, depois de uma seleção, os escolhidos eram transferidos para vários campos de trabalho vizinhos às fábricas. Os que ficavam para trás eram mandados para as câmaras de gás.

Como os alemães não tinham intenção de nos manter vivos por muito tempo, a comida era como seria de esperar. Era calculada para sustentar um ser humano por apenas três meses. Cerca de 300 gramas de pão preto, que era na maior parte serragem, era para durar o dia todo, junto com cinco gramas de margarina e às vezes um bocadinho de geleia ou uma fatia de salsicha. Além disso, havia o assim chamado café, um líquido preto com apenas um benefício: era quente.

Em Auschwitz recebíamos "café" de manhã e, no meio do dia, um lodo marrom – uma sopa feita de tubérculos e cascas de batata, às vezes com um osso dentro. No campo de trabalho, recebíamos "café" de manhã e ainda

---

8. Yehiel De-Nur (1909-2001) foi um escritor polonês de origem judaica sobrevivente do Holocausto. Usou o pseudônimo Ka-Tzetnik 135633, em referência ao número de identificação tatuado pelos nazistas em seu braço. (N. do E.)

9. Adolf Eichmann (1906-1962) foi um oficial alemão nazista que desempenhou papel preponderante na deportação de judeus para os campos de concentração. Refugiou-se na Argentina depois da guerra. Lá foi capturado, em 1960, pelo serviço secreto israelense. Depois de seu julgamento, foi executado. (N. do E.)

outra "sopa" à noite. Alguns prisioneiros eram econômicos e dividiam o pão em três, de modo que ele durasse três "refeições". Outros, incluindo eu mesma, não conseguiam se conter e o comiam logo que era distribuído.

Ficávamos deitadas nos nossos "beliches", nos alojamentos femininos, o dia inteiro, interrompidas apenas pela incessante *Zählappell*, a contagem de prisioneiros. Era outro meio de nos atormentar. A qualquer momento, éramos expulsas para a área na parte da frente do campo, alinhadas em fileiras de cinco, e contadas interminavelmente.

O dia podia começar conosco sendo acordadas logo na alvorada, quando a chefe do bloco, uma das moças polonesas ou tchecas encarregadas da ordem nos alojamentos, vinha correndo e rugindo "*Aufstehen!*" – Hora de levantar! – e acendia as luzes. Com palavras duras, ela nos enxotava para a latrina. Tudo tinha de ser muito rápido, a *Zählappell* nos aguardava. Ficávamos em posição de sentido enquanto eles nos contavam, às vezes por uma hora, às vezes por horas seguidas.

A contagem continuava sem parar. Se alguém estivesse doente, precisava ficar ali de qualquer maneira; se alguém tivesse morrido durante a noite, eles punham o corpo dela para fora. A chefe do bloco tinha de assegurar que os números estivessem corretos e submeter o relatório ao oficial da SS. Ele, por sua vez, começava a contagem de controle, e às vezes outra recontagem ainda era necessária antes da chegada do comandante do campo. Ele recebia o relatório, e com isso tínhamos permissão de voltar aos alojamentos. A essa altura, estávamos completamente exaustas, geladas e famintas, e ansiávamos pelo "café" quente que só então era distribuído.

VOCÊ ESTAVA SEMPRE FAMINTA?

Chegamos a Auschwitz depois de três dias sem comida nem água. O medo que mantinha meu coração apertado me impedia de notar o quanto eu estava faminta. Eu era um autômato controlado por outros e fazia exatamente o que me mandavam.

Foi uma rápida sucessão de acontecimentos. Tudo ocorreu tão depressa que eu mal percebi como a noite deu lugar ao dia. Puseram-nos debaixo de um chuveiro, e eu deixei as gotas de água me envolverem avidamente.

Em seguida, depois que fomos levadas para o nosso alojamento, enfim chegaram provisões, que consistiam num pedaço de pão preto para cada uma. Eu ainda estava tão abalada pelos acontecimentos da noite e pela preocupação com os meus pais que não consegui engolir nem um único pedacinho. Dei o pão à minha irmã, e continuei fazendo isso nos dias seguintes. Só comecei a comer quando percebi que, se quisesse sobreviver, não poderia me desfazer do pouco que tinha.

Nós nunca nos sentíamos saciadas. Às vezes, o pão intragável não era nem assado direito – era só uma massa preta. As calorias eram apenas suficientes para impedir que morrêssemos, mas também era pouco para conseguir viver.

Quando comecei a comer, minha fome tomou conta de mim completamente. Eu sentia um buraco no estômago, que estava sempre aumentando. O pedacinho de pão não conseguia preencher esse buraco. Em vez disso, despertava a necessidade de mais. Os dias passavam, e a fome dilacerava as minhas entranhas. Era uma fome coletiva; nós, garotas, éramos todas uma única barriga faminta. Nós só falávamos sobre diferentes maneiras de enganar a nossa fome.

Mais tarde, nos campos de trabalho, a fome tinha se tornado familiar. Estávamos acostumadas com ela. A sensação de fome constante tornou-se algo que simplesmente estava ali. De vez em quando, meu estômago se revoltava e começava a doer, mas quando isso acontecia eu mascava saliva para enganá-lo e levá-lo a pensar que eu estava comendo. A gente também podia enganar o estômago conversando sobre cozinhar, falando de receitas e pratos até a saliva começar a escorrer. Meu último pensamento antes de eu apagar à noite como uma lâmpada era geralmente sobre o pedacinho de pão que eu receberia pela manhã. Pelo menos eu aplacava a minha fome por algum tempo.

Nós estávamos sempre à procura de algo comestível. Algumas moças trabalhavam na cozinha, e era importante ser amiga delas. Às vezes elas davam um jeito de contrabandear batatas ou um pedaço de pão para animar uma amiga. A alegria também vinha ao trabalhar nas hortas, onde eu tomava coragem, correndo o risco de levar uma surra, para roubar um ou dois pés de brócolis. A fome era mais forte do que o medo do castigo.

Só uma vez me foi permitido comer até ficar cheia.

Nosso grupo estava fazendo a limpeza depois do bombardeio de um depósito de óleo. Quando soou o sinal do almoço e a nossa sopa aguada deveria chegar, em vez disso fomos levadas para uma cantina. As mesas estavam postas, coroadas no meio por uma grande cesta de pães. Eu nem sequer ousei pensar em tocar naquele pão até o guarda insistir. Para meu grande espanto, tivemos permissão de comer tanto quanto quiséssemos. Quando a cesta ficou vazia, recebemos outra. Era difícil imaginar o que estava acontecendo. Eu sentia como se houvesse veludo por cima do meu umbigo dolorido. Comi, comi e comi. Estava feliz. Nunca tinha percebido como o pão podia deixar a gente feliz. Desde então, sinto uma reverência quase religiosa por pão e batatas. Para mim, nenhuma refeição é uma refeição de verdade sem pão.

A alegria durou pouco. Alguém deve ter cometido um erro. Foi um fato que aconteceu somente uma vez, e a satisfação daquele dia se transformou em sensações ainda mais intensas de fome nos dias seguintes, quando nossos estômagos voltaram a encolher. Simplesmente precisávamos continuar engolindo o que havia e tentando imaginar que não estávamos famintas.

Continuamos desse jeito até sermos libertadas. Quando as tropas inglesas nos encontraram com olhares ocos e muito magras, quiseram nos ajudar, e dividiram conosco um pouco da sua rica comida enlatada do Exército. A maioria de nós a devorou; ninguém sabia que poderia ser letal, que não conseguiríamos digeri-la. Quis o destino que eu não me sentisse tentada. Se alguém tivesse me oferecido uma lata, eu provavelmente teria comido. Em vez disso, tive sorte: encontrei alguém que me ofereceu duas batatas cruas.

QUE LÍNGUAS ERAM FALADAS EM AUSCHWITZ?

Auschwitz era uma Torre de Babel onde se podiam ouvir todas as línguas da Europa, mas a língua dominante era obviamente o alemão. Se você não soubesse alemão, estava em apuros. Era pior para os italianos, pois pouquíssimos deles falavam alemão. Os soldados da SS não aceitavam que alguns de nós não entendêssemos sua língua, e consideravam isso como desobediência quando uma ordem não era cumprida. Lembro-me de uma grega, pequena e magra, de Rodes, que contava das surras que levava quando não entendia o que pediam a ela. Aqueles que não entendiam as palavras de comando não viviam muito tempo, e vários gregos e italianos pagaram com suas vidas.

Os judeus do Leste Europeu tinham uma vantagem. Como falavam iídiche[10], geralmente entendiam o que lhes era pedido e portanto não eram tão vulneráveis como os italianos. Eu mesma tinha um conhecimento superficial de iídiche, pois os meus pais falavam a língua quando não queriam que nós crianças os entendêssemos. E mais: eu tinha estudado um pouco de alemão na escola. Isso tudo me deixava numa posição favorável.

No vasto campo de Auschwitz-Birkenau, os prisioneiros eram segregados com base na nacionalidade, então não tive muitas oportunidades de ouvir todas as línguas faladas ali. O único lugar onde se podiam encontrar pessoas de blocos diferentes era na latrina. Quando eu estava lá, tentava trocar algumas palavras com outras moças.

Além da grega, também conheci Rose, uma pequena moça holandesa. Ela falava alemão, mas eu achava difícil entendê-la, pois ela tinha o *r* holandês, gutural. Felizmente, isso não impedia que os soldados da SS a entendessem, e ela falava da sua nomeação como *Blockova* (responsável pela ordem nos alojamentos) e dos benefícios que vinham junto, tais como comida e roupas melhores e mais liberdades.

....

10. Língua falada pelas comunidades judaicas da Europa Central e do Leste Europeu baseada no alto-alemão do século XIV, com elementos hebraicos e eslavos. Também chamada de judeo-alemão. (N. do E.)

O QUE AJUDOU VOCÊ A SOBREVIVER?

Muita gente não acredita no acaso, mas, se é para responder à pergunta sobre o que me ajudou a sobreviver, ele é tudo o que eu posso mencionar. Sem o acaso, nada mais poderia ter ajudado. Não havia lógica no campo; nunca se sabia onde estar, ou não estar, para sobreviver. Você poderia ser morta por um oficial da SS que estivesse praticando tiro ao alvo só para se divertir. Uma gentileza podia significar morte. O dr. Mengele, por exemplo, era conhecido por distribuir doces entre as crianças que depois torturaria com seus experimentos.

"Como você aguentava?", muitos alunos me perguntam. "Eu teria morrido", dizem.

Você pode pensar assim, mas não é fácil morrer. Pode ser difícil viver, mas é tudo o que sabemos, e nos apegamos à vida até o fim.

Muitas noites, depois de um duro dia de trabalho, eu achava que não conseguiria continuar por mais outro dia. Mas, quando acordava, era de novo o carneirinho obediente que executava as mesmas tarefas do dia anterior, na esperança de que, enquanto eu fizesse o que me mandavam, eles não atirariam em mim. Enquanto há vida em nós, queremos seguir vivendo, não importa o que aconteça. Muitos de nós foram torturados, e ainda assim não desistiram. Imagino que nessa situação eu também tivesse me apegado à vida, mas você nunca sabe o que vai fazer.

Em Auschwitz, às vezes eu pensava, no meio do desespero: "Nem um dia mais, amanhã eu me jogo no arame farpado elétrico." Mas então vinha o pensamento seguinte: "Eu estaria fazendo o trabalho dos nazistas por eles. Afinal, é isso que eles querem: ficar livres de nós."

O que ajudava a me proteger contra esses pensamentos sombrios era ter a minha irmã comigo. Nós nos sentíamos responsáveis uma pela outra, havia um sentido naquela falta de sentido. Se ela estivesse abatida, eu tentava animá-la. Se eu estivesse triste, ela fazia brincadeiras ao meu redor. Nós provavelmente não teríamos sobrevivido uma sem a outra.

A solidariedade e o círculo de amizades do meu bloco também significavam um bocado. À noite, sentávamos em roda tentando expulsar os pensamentos ruins com novas e velhas histórias, poemas, receitas. Tentávamos reprimir nossa fome "cozinhando", explicando em detalhes como certos pratos deviam ser preparados, até que praticamente conseguíamos sentir o cheiro dos rolinhos de repolho recheados e o sabor das almôndegas.

Havia outras coisas que também eram cruciais para a sobrevivência daqueles entre nós que eram da Hungria. Acima de tudo, o fato de que não fomos feitos prisioneiros até a primavera de 1944. Isso significou que mal passamos um ano no campo, diferentemente daqueles que tiveram de sofrer por muito mais tempo.

O pensamento de que precisávamos sobreviver para contar depois da guerra tudo o que nos tinha acontecido estava com frequência na nossa mente. Ao mesmo tempo, duvidávamos de que alguém fosse querer escutar.

HAVIA SOLIDARIEDADE NOS CAMPOS?

Você poderia pensar que o nosso destino comum nos uniria. Mas a verdade é que a solidariedade não era bem aquilo que poderia ter sido.

Como frequentemente acontece quando um grupo se reúne, formavam-se panelinhas. Moças que vinham do mesmo país ficavam juntas, preconceitos passados prevaleciam, moças judias polonesas se consideravam melhores que as húngaras, e as húngaras se julgavam superiores às polonesas. Dentro do grupo de húngaras também se formavam círculos menores, pois as que vinham da mesma cidade se agarravam umas às outras.

Aquelas que vinham da mesma área, talvez no mesmo trem, ajudavam-se da melhor forma que podiam. O fato de alguém do grupo receber uma função, como ir trabalhar na cozinha, podia dar às outras uma oportunidade de porções maiores, por exemplo. As moças compartilhavam seus benefícios com o grupo e garantiam que "suas" garotas tivessem prioridade. Quando era distribuída a comida, pegar a sopa no fundo da panela era de grande importância. Era lá que estavam os legumes, às vezes até mesmo um pedaço de carne. Nós formávamos uma fila para a sopa e observávamos com inveja o movimento da concha. Ela mergulhou fundo o suficiente ou será que hoje vai ser só água? A chefe do bloco queria parecer justa, então não olhava para quem estava na fila – a concha devia ir ao fundo igualmente para todas. Mas ela sabia onde estava sua matilha, se estava no começo da fila, no meio ou por último. E então a concha mergulhava de acordo com isso.

O desejo de permanecer vivo era tão forte que as pessoas roubavam pão de seus parentes: a filha roubava da mãe, irmã roubava de irmã. O contrário também acontecia, porém mais raramente. No meu grupo, havia uma mulher que anteriormente tinha sido conhecida como mesquinha e egoísta. Mas ali ela passou a se mostrar generosa, fazendo autossacrifícios, ajudando onde pudesse e abrindo mão de seus benefícios quando alguma outra pessoa estivesse em maior necessidade.

Denúncias não eram raras. Com o objetivo de desfrutar de alguma vantagem, havia aquelas que delatavam suas amigas. Aconteceu comigo. Eu era uma das poucas que sabiam alemão, e era mais alta que as outras, então, quando fomos enviadas para trabalhar em Eidelstedt, fui nomeada *kapo*. Ser *kapo* significava ser a extensão do braço da SS e garantir que o grupo trabalhasse duro. Em troca disso, a gente era recompensada com uma tigela extra de sopa. Não se podia recusar a nomeação, mas podia-se sabotar a tarefa.

Depois de uma breve marcha até o trabalho, chegamos a uma fábrica em ruínas, onde tivemos de fazer limpeza nos entulhos. Devíamos formar uma corrente humana e passar tijolos para o outro lado, para serem arrumados em pilhas. Minha tarefa era garantir que as moças fossem eficientes, mas comecei por designar uma vigilante cuja função era nos alertar quando um guarda da SS se aproximasse. As moças podiam trabalhar tranquilas até que a vigilante desse o aviso, e só então se empenhar duramente no serviço.

Não mais que dois dias se passaram até que eu fosse delatada por uma das moças polonesas. Era tudo isso que uma tigela de sopa significava para ela.

**COMO ERA SER MULHER
NOS CAMPOS?**

Quanto ao tratamento dos prisioneiros, havia pouca diferença entre mulheres e homens. As mulheres não eram poupadas do trabalho pesado e éramos punidas com o mesmo rigor. Para os homens da SS, nós não éramos mulheres; éramos objetos que executavam suas ordens.

As mulheres, especialmente as jovens, tentavam manter sua feminilidade, mesmo nas condições mais sofríveis. Quando chegamos ao campo e encontramos prisioneiros de guerra franceses no mesmo local de trabalho, procuramos entre as ruínas por cremes ou batons. Nossa vaidade foi despertada, e queríamos nos fazer atraentes para aqueles jovens bonitos. Pequenos romances inocentes se iniciaram, e logo toda moça tinha "seu próprio" francês.

Éramos estritamente proibidas de nos comunicar mutuamente, mas em momentos sem supervisão o francês deixava cair um presentinho na frente da sua garota quando ela passava. Ela, por sua vez, deixava cair uma carta com algumas palavras de agradecimento. Precisávamos tomar cuidado para que nenhum soldado da SS estivesse por perto quando isso acontecesse; tais coisas provocavam duras punições. E duras punições também eram a consequência se mulheres e homens fossem pegos juntos, mas, pelo que me lembro, isso nunca aconteceu em nenhum dos campos de trabalho onde estive. No entanto, aconteceu em Auschwitz.

Morávamos em alojamentos grandes, cerca de 500 pessoas em cada um. Éramos supervisionadas por uma moça polonesa, Itka, que era a chefe do bloco. Como ajudante, ela tinha sua irmã, Elsa. Elas já tinham estado em Auschwitz por alguns anos, eram lindas e bem alimentadas. Como privilégios adicionais, tinham autorização de manter seus belos cabelos, vestiam roupas civis e recebiam mais comida.

Um dia, não conseguimos encontrar Elsa, e quando ela apareceu estava com o cabelo raspado e os olhos inchados. Perguntamo-nos o que tinha acontecido, e acabamos conseguindo arrancar dela. Um homem que trabalhava na força-tarefa dos crematórios visitava as moças em segredo e lhes fornecia algumas regalias extras. Naturalmente, sentimentos sexuais também surgiram, e Elsa se apaixonou. Não sei quanto tempo isso durou, mas um dia foram surpreendidos por um soldado da SS. Ela levou uma surra, teve o cabelo raspado e foi privada de todos os seus privilégios. O homem também apanhou, e provavelmente não sobreviveu.

COMO ERA FICAR MENSTRUADA?

As mulheres empacotavam seus absorventes antes da partida, sem desconfiar que não teriam permissão de guardar nem eles nem outros bens. Como acabou se revelando, porém, de qualquer forma não teríamos tido uso para nada daquilo. A menstruação ocorria talvez uma ou duas vezes, e nessas ocasiões era um sofrimento, é claro. Não havia nada para absorver o sangue. Se tivéssemos sorte, a chefe do bloco, a moça que nos supervisionava, nos dava um trapo. Arriscando ser castigadas, às vezes nos atrevíamos a rasgar um pedaço do nosso vestido, mas geralmente tínhamos de andar com roupas ensanguentadas, o sangue escorrendo pelas nossas pernas. Era importante não se encontrar diante de um homem da SS. Ele nos cobriria de insultos – *dreckige Judensau*, porca judia imunda que não consegue se manter limpa – e nos daria uma bela surra.

Um dia, minha amiga Dora se deu conta de que deveria ter ficado menstruada três dias antes. Ela achou estranho; afinal, não tinha estado com ninguém. Muitas outras de nós fizeram a mesma descoberta. Apenas algumas tiveram o sangue descendo nas primeiras semanas depois da nossa chegada. Algumas acharam que estavam grávidas, mas logo todas entendemos que não era um sinal de gravidez. A menstruação simplesmente parava. Havia um boato, nunca confirmado, de que isso era causado por um aditivo de bromato no pão. É verdade que a menstruação pode cessar devido a uma dieta pobre, como ocorre com mulheres com anorexia, mas essa não podia ter sido a explicação no nosso caso – nós paramos de ficar menstruadas logo depois da nossa chegada a Auschwitz. Devemos ter recebido alguma coisa que afetava nossos hormônios.

Tínhamos medo de jamais voltar a ter a nossa menstruação, de não sermos mais capazes de ter filhos. Felizmente, não foi isso que aconteceu. Recuperamos nossos ciclos regulares quando nossa dieta voltou ao normal. Depois da guerra, porém, algumas mulheres decidiram não ter filhos, por medo de que tudo pelo que tinham passado pudesse ocorrer de novo. Mais tarde, quando envelheceram, algumas delas lamentaram não ter família. Sentiam-se muito sós.

VOCÊ FOI ESTUPRADA?

O estupro em tempos de guerra sempre foi usado como uma forma de um dos lados violar aquilo que é tido como propriedade do outro, suas mulheres. Não foi assim na Alemanha nazista. Ali, o estupro era, em princípio, banido, pois relações inter-raciais eram proibidas por lei. Na prática, porém, as coisas eram diferentes.

Felizmente, ninguém no nosso grupo foi estuprada, e por um longo tempo não tive consciência de que isso tivesse acontecido em algum outro lugar nos campos. Foi só depois da guerra que descobri. Conheci moças que tinham histórias pavorosas para contar.

Para manter o moral entre os soldados da SS, foram estabelecidos bordéis – mais requintados para os oficiais, mais básicos para os soldados. Moças judias foram mandadas para lá, e, se você quisesse ficar viva, tinha de obedecer. Depois de um dia árduo no local de serviço, uma garota bonita podia ser escolhida à noite e levada para o bordel, só para ser devolvida para o trabalho duro na manhã seguinte.

Outras tinham de servir ali o dia inteiro. Essas moças não duravam muito. Elas eram, no entanto, moças afortunadas que podiam usar sua feminilidade para fazer um soldado se apaixonar por elas. Uma moça nessa posição podia ter uma vida razoavelmente decente ao lado de seu soldado protetor, em especial se ele tivesse uma posição elevada na hierarquia.

Um oficial da SS de alta patente podia escolher uma moça para cuidar da sua casa, e ela seria dispensada da labuta árdua na parte externa. Mas até mesmo nesses casos não havia garantia de que a moça fosse sobreviver no mundo incerto e irracional do nazismo.

VOCÊ TINHA MEDO DA MORTE?

A morte não era algo de que eu tivesse medo. A sensação pior era a incerteza, a interminável espera, a ansiedade. A ansiedade nunca cessava. Era como um zumbido de fundo, e só abria espaço quando um medo mais agudo, mais nítido se instalava.

Eu tinha medo era de *como* a morte viria. Deixar de existir era o nosso maior desejo, mas era o caminho para lá que nos apavorava. A crueldade estudada dos nazistas podia causar muita dor antes de a morte chegar. Era disso que eu tinha medo.

Eu me lembro de perguntar a mim mesma de manhã, quando acordava: "Vou passar pelo dia de hoje?" Mas não havia tempo para meditar. Os berros e golpes dos oficiais da SS me faziam pular da cama e começar a lidar com a agenda prescrita: arrumar a cama de palha, visitar a latrina e então se enfileirar para ser contada. Em seguida vinha a marcha para o trabalho, e era só quando voltava para cama à noite que eu tinha força para pensar.

Geralmente eu terminava o dia me lembrando de um poema do poeta húngaro János Arany, que, numa tradução amadora, é mais ou menos assim:

Obrigado, Deus,
pelo retorno da noite.
A sofredora Terra
agora repousa em paz.

COMO VOCÊ SE VESTIA?

Quando chegamos a Auschwitz, tivemos de nos despir. Pusemos todas as nossas roupas numa pilha, nossos sapatos amarrados um no outro. Eu me perguntava baixinho como as pessoas achariam suas roupas outra vez.

Foi só mais tarde que descobri que as roupas seriam mandadas para a Alemanha assim que uma força-tarefa tivesse separado os piores itens. O que não fosse mandado seria lavado, esterilizado e – pintado com uma cruz amarela – usado como roupas de prisão. Em troca, recebemos túnicas cinzentas de comprimentos variados e roupa de baixo deformada de tecido rústico.

Não consigo me lembrar se ganhamos meias, mas recebemos um lenço, que usávamos para cobrir nossas cabeças raspadas.

Quando éramos escolhidas para o trabalho, precisávamos vestir roupas "civis" com uma cruz amarela pintada nos vestidos para não sermos confundidas com aquelas que deveriam ficar para trás. Essas roupas às vezes também eram trocadas. Quando vinha o frio, nos davam uma peça de roupa adicional, considerada "mais quente".

Eu ganhei um casaco, embora muito leve, e a minha irmã, Livi, ganhou um cardigã. Ele tinha pertencido originalmente à sua prima favorita, Ditsi. Foi assim que percebemos que ela também tinha passado por baixo da *Arbeit macht frei* – O trabalho liberta –, a cínica placa pendurada sobre a entrada de Auschwitz. As roupas "quentes" tiveram de ser devolvidas na primavera, as outras nós conservamos conosco até a libertação.

Depois da libertação, queríamos nos livrar dessas roupas o mais rápido possível e obter novas, e conseguimos isso de muitas maneiras diferentes. Às vezes, ganhávamos presentes dos soldados britânicos, ou então saíamos para procurar pela vizinhança. "Achávamos" roupas secando em varais, que inescrupulosamente pegávamos – afinal, os alemães haviam tirado muito mais de nós. Aquilo não era chamado de roubo, era chamado de "organizar-se". Moças boas em costura eram as que se davam melhor. Cobertores e lençóis transformavam-se sob seus ágeis dedos. Eram transformados em saias, jaquetas e vestidos.

Eu mesma tive um vestido feito de uma cortina verde, e "achei" um par de calças de marinheiro azuis feitas de lã. Vesti as calças quando viajamos para a Suécia. Em Lübeck, nós e nossas roupas fomos esterilizadas, e as moças que tinham roupas apresentáveis puderam ficar com elas. Eu vesti as calças para o meu primeiro emprego em Estocolmo.

Com meu primeiro pagamento, comprei um vestido preto de lã que me custou o salário de um mês inteiro, cem coroas. Mas o preço valeu. Finalmente eu pude vestir algo "elegante", e isso me deu confiança quando me encontrei com amigos num café num domingo à tarde.

VOCÊ FICAVA DOENTE?

Era importante não ficar doente. Só sobreviveríamos enquanto pudéssemos trabalhar e, se ficássemos doentes, não teríamos utilidade para eles. Sabíamos que, se fôssemos consideradas inúteis, a câmara de gás nos aguardava. Como resultado, raramente tínhamos alguma doença grave. Aquelas entre nós que antes tinham dores crônicas de repente estavam livres delas. Nada de dores de cabeça constantes nem úlceras no estômago. Às vezes tínhamos males menores e, quando isso acontecia, devíamos visitar a *Revier*, como era chamada a enfermaria. A enfermeira, uma das prisioneiras, não tinha muita coisa para aliviar o nosso sofrimento. A mesma pomada, *ichthyol*, era usada tanto para dor de garganta quanto para furúnculos. O único alívio que tal visita podia trazer era um momento de descanso e algumas palavras tranquilizadoras.

Se alguém tivesse febre ou estivesse tão doente a ponto de não poder trabalhar, nós tentávamos protegê-la. Fazíamos o trabalho dela e a deixávamos descansar num canto, enquanto alguém se assegurava de que nenhum guarda da SS a descobrisse. Às vezes um capataz gentil a deixava ficar sentada na sua guarita de trabalho e a defendia perante qualquer visitante da SS, dizendo que a moça estava ajudando-o com seu trabalho interno. Se o guarda estivesse de bom humor, poderia deixá-la ficar; se não, a enxotaria para fora.

A *Revier* tinha um certo número de leitos, então as enfermas podiam ficar ali em vez de sair para o frio congelante. A razão de termos tanto medo de ficar ali era que nunca se sabia quando podia ocorrer a visita do médico da SS. Quando ele vinha, as doentes tinham de ser alinhadas nuas para exame, e ser magra demais era uma razão mais que suficiente para ser condenada à morte.

A enfermeira, que queria salvar as moças, não podia fazer muita coisa. No entanto, sei de um caso em que ela escondeu uma moça inconsciente, gravemente doente, com tanta habilidade que nunca foi descoberta. A garota acabou se recuperando e deixou a *Revier*.

Outro caso interessante foi quando o médico da SS ficou atraído por uma bela moça e, em vez de lhe dar uma sentença de morte, a transferiu para a *Revier* dos soldados. O que aconteceu depois eu não sei; nunca mais a vi.

Eu mesma visitei a *Revier* algumas vezes, quando os tamancos ásperos e o frio me causavam grandes bolhas nos pés. Não sei se era a pomada notoriamente milagrosa ou o fato de a primavera estar no ar, mas as bolhas sumiam com o tempo.

HAVIA SOLDADOS DA SS GENTIS?

Nunca conheci um soldado da SS que fosse gentil. Na melhor das hipóteses, os guardas eram completamente desinteressados. Estavam simplesmente fazendo seu serviço e, se o serviço pedisse que dessem uma surra, eles usavam seus cassetetes. Alguns eram conhecidos por serem particularmente maldosos, outros eram "apenas" maldosos, e qualquer um deles podia usar o cassetete em você sem motivo. Não se pode dizer que eu tenha experimentado de fato alguma gentileza. Os soldados da SS eram treinados para ser frios e brutais.

No infame e sempre citado discurso de Himmler, ele elogia a brutalidade daqueles que atiravam em judeus: "Ter suportado isso nos manteve decentes, nos endureceu. Essa é uma página gloriosa na nossa história..."

Aqueles que trabalhavam na SS tinham – como todos nós – o bem e o mal dentro de si, mas escolhiam o mal. Depois, muitos argumentavam que disparavam tiros só porque tinham de atirar. No entanto, a pesquisa mostrou que nem sempre isso era verdade. Em seu livro *Ordinary Men* [Homens comuns], o historiador Christopher Browning apontou que apenas alguns ficavam fora da curva, apesar de serem informados de que seriam desculpados se sua consciência não lhes permitisse matar. Em vez de escolherem sozinhos, os homens se rendiam à pressão dos colegas. Da mesma forma, alemães decentes escolhiam o mal sob certas circunstâncias. Todos nós fazemos escolhas.

Nossos guardas eram jovens soldados da SS, homens e mulheres que tinham feito um juramento solene de obedecer de forma submissa ao Führer, de protegê-lo, de viver e morrer por ele. A educação nazista deles tinha começado em tenra idade, quando estavam na sua fase mais maleável. Em outras ocasiões, os guardas eram da *Wehrmacht*[11], soldados do Exército regular, homens mais velhos que tinham sido recrutados. Havia uma grande

---

11. Forças Armadas (Exército, Marinha e Aeronáutica) da Alemanha nazista de 1935 a 1945. (N. do E.)

diferença entre os dois grupos; os últimos, sim, eram um pouco gentis, suas mentes ainda não tinham sofrido lavagem cerebral.

Um dia, ao caminhar para o nosso local de trabalho, não fomos acompanhadas pelos jovens soldados da SS com seus cassetetes, mas pelos soldados da *Wehrmacht*, que carregavam rifles nas costas. Foi a única vez que guardas falaram *conosco*, não simplesmente latindo seus comandos *para nós*. Um desses soldados, Herman, parecia curioso e, como eu era uma das poucas que falavam alemão, ele caminhou ao meu lado enquanto marchávamos em filas de cinco. Ele começou a conversar comigo, perguntando-me quem eu era e de onde eu vinha. Contou-me um pouco sobre algumas das suas dificuldades em casa. Ele tinha uma filha da minha idade, e talvez tenha sido por causa disso que me procurou nas poucas ocasiões em que a *Wehrmacht* permanecia no campo. Às vezes, me trazia uma maçã ou uma batata. Mas eles também tinham pouca comida. Seu espírito amigável era um raio de sol na escuridão que me envolvia. Isso, porém, só durava um breve tempo. Logo, os habituais soldados da SS estavam de volta, aqueles que nos surravam sem misericórdia se alguém ficasse para trás ou saísse da linha.

Às vezes, passávamos por campos onde os legumes e verduras tinham sido colhidos recentemente: couves-de-bruxelas, brócolis e outros. Sempre que víamos alguns pés ainda brotando através da lama, corríamos para arrancá-los, apesar do risco de levar uma surra. Aquilo significava um complemento precioso para a ração pobre daquele dia – especialmente para as moças doentes, que ainda se arrastavam para ir trabalhar.

Elisabet, uma belíssima judia húngara, ficou muito doente, perdeu a consciência e foi levada para a enfermaria. No dia seguinte, veio o médico da SS, que parava junto ao leito de cada enferma e fazia a enfermeira saber seu veredito com um meneio de cabeça. No leito de Elisabet, perguntou acerca da sua doença. Dirigiu-se a ela com gentileza: "E você, jovem mocinha, o que a aflige?"

Ela respondeu: "Eu sinto dores no corpo todo, mas não sou tão jovem. Já estudei medicina."

O médico da SS então ordenou que ela fosse levada para outro alojamento, e ali ela realmente recuperou a saúde.

A mesma pessoa que não sentia o menor peso na consciência ao mandar alguém para a morte salvou a vida de outra. Às vezes encontramos essa mesma duplicidade no resto da sociedade.

Em outra ocasião, minha amiga Lilly caiu inconsciente e, para nossa grande tristeza, foi levada para a *Revier*. Quando se passaram dias e ela não voltou, pensamos que nunca mais a veríamos de novo. Mas, de repente, ela estava ali de pé, parada durante a *Zählappell*, a contagem das prisioneiras.

Quando perguntamos o que havia acontecido, ela disse que tinha uma vaga lembrança de ser escondida em algum cubículo toda vez que o médico da SS chegava para uma inspeção. A equipe da *Revier* era formada pelas nossas colegas prisioneiras, e as crueldades da SS podiam às vezes ser equilibradas pela nossa solidariedade.

Sara, uma das minhas colegas prisioneiras da Polônia, me contou que antes da sua internação ela tinha se escondido num lugar que acreditava ser seguro. No entanto, ele precisou contar a alguém sobre seus planos para que seu marido pudesse encontrá-la. Ela escolheu seu vizinho N, que sempre fora gentil com eles. No dia seguinte, a polícia veio buscá-la, e foi então que ela compreendeu que a gentileza do vizinho tinha seus limites.

Hoje, frequentemente penso sobre como teria agido se eu, nascida em 1924 em Sighet, tivesse visto a luz do dia como uma alemã em Berlim. Eu também, seguramente, teria recebido a minha cota de lavagem cerebral na *Bund Deutscher Mädel*, a associação para garotas que correspondia à Juventude Hitlerista dos meninos.

Talvez eu tivesse me tornado uma guarda da SS. Elas não eram melhores que os homens. Como eu teria agido? Teria batido nas prisioneiras? Será que as teria salvado? Se eu tivesse pais que me educassem com uma força moral que pudesse se contrapor à *BDM*, talvez tivesse mostrado compaixão. Só era possível ter esperança. Se a pessoa sabe que tem escolha, tem a oportunidade de escolher o bem em vez do mal.

Posso, porém, contar a vocês como reagiu Noa, de doze anos. Ele vivia num gueto na Polônia, onde a fome se espalhava. Todo mundo tentava achar algo para comer, por meio de permuta ou roubo. As crianças eram as mais hábeis. Elas se esgueiravam para fora do gueto com algo que pudessem trocar por comida. Muitas vezes conseguiam retornar com algumas batatas ou nabos.

Um dia, Noa foi pego por um homem da SS que queria saber quem era o cérebro por trás dessas saídas. Noa recusou-se a responder à pergunta. O homem da SS o instigou, dizendo que ele poderia ficar com a batata e ainda ganhar outra, e que seria indicado para a polícia do gueto. Enquanto esta obtinha benefícios extras, os moradores do gueto passavam fome. Noa recusou-se terminantemente a se tornar informante do homem da SS, mesmo sabendo que seria surrado pela sua insubordinação.

VOCÊ SONHAVA À NOITE?

Sem pensar muito, eu diria não. Mas as coisas nem sempre eram as mesmas, tudo mudava dependendo de onde estávamos.

Em Auschwitz, dormíamos as poucas horas que nos davam como se tivéssemos sido nocauteadas com um tijolo. Pesado e sem sonhos, era um sono que não oferecia repouso.

Nos campos de trabalho, as coisas eram diferentes. Embora nossas horas de sono não fossem mais longas, os sonhos começaram a vir. Geralmente, sonhávamos que estávamos em casa, dentro do círculo familiar, e era muito doloroso acordar. Eu sonhava que estava passeando num campo ensolarado, de mãos dadas com o meu pai, e ele me contava uma história; aí se acendia uma luz forte, era hora de despertar, e a voz do meu pai era trocada pelo áspero alemão: "*Aufwachen*", acordar, "*Schnell*", depressa, "*Raus, raus*", pra fora, pra fora...

Eu tentava imaginar que o sonho é que era a realidade, e que a labuta diária era apenas um pesadelo ruim... Tentava manter meu equilíbrio na dura realidade com a ajuda da minha imaginação.

QUAL ERA A MELHOR COISA?

A melhor coisa? Será que havia alguma coisa que pudesse ter sido a melhor? Quando me fizeram essa pergunta, fiquei confusa. Nada era bom, mas havia momentos em que podíamos esquecer onde estávamos e até mesmo dar risada.

Eu tinha uma sensação boa à noite, quando o trabalho do dia havia terminado e podíamos esticar nossos membros cansados sobre o beliche duro. Tínhamos sobrevivido. Eu sabia que a noite seria muito curta e não proporcionaria muito descanso, mas naquele momento era uma sensação boa.

Antes de ir dormir, o grupo de amigas se sentava amontoado numa das camas e fazia um "salão literário". Recitávamos poemas, líamos histórias e compartilhávamos memórias, ou "cozinhávamos", trocávamos receitas, falávamos dos pratos deliciosos dos quais sentíamos saudade.

Eu tive uma experiência especial em Auschwitz que iluminou um pouco as trevas da nossa existência. Uma manhã, um homem da SS entrou no alojamento e pediu duas voluntárias para um trabalho. Minha amiga Olga e eu nos apresentamos. O soldado, que carregava um rifle nas costas, nos levou embora. Passamos por uma área depois da outra, todas cercadas de arame farpado, até que chegamos a um bloco com alojamentos menores. Eram os alojamentos dos soldados, e recebemos a tarefa de limpar e esfregar o chão.

Quando chegávamos perto dos alojamentos, uma bétula vigorosa e verdejante chamou a minha atenção. Ver todo aquele verde depois do cinza de Auschwitz era como uma miragem. Havia vida do lado de fora, nem tudo estava perdido.

Olga e eu simplesmente olhamos, primeiro para a árvore, depois uma para a outra, e sem falar nada sabíamos o que a outra estava pensando. Iríamos contrabandear algumas folhas para dentro do campo, para todas as outras mulheres também poderem vê-las. O soldado nos apressou, devíamos entrar nos alojamentos e começar a trabalhar. Ele nos deu instruções, um balde de água fria e um pano.

Acabou sendo um dia de trabalho duro. Para conseguir deixar aqueles pisos imundos num estado mais ou menos limpo, tivemos de juntar alguns galhos. Sob os insultos provocadores do soldado, trabalhamos com os galhos, usando as unhas e os nós dos dedos para deixar o chão um pouco menos sujo.

Quando veio o sinal para o fim do dia de trabalho, pudemos respirar novamente. *"Feierabend"*, fim do expediente, disse o soldado quando o anoitecer chegou. Devíamos retornar ao campo, onde a contagem das prisioneiras nos esperava. Consegui arrancar algumas folhas, mas a caminho de casa eu estava muito tensa: seria capaz de entrar com elas escondidas ou me revistariam? Entrar até mesmo com uma folhinha de grama era estritamente proibido. Escondi um ramo na barra do meu vestido e pus uma folha na boca. Olga fez o mesmo. Tremendo, passamos pelo porteiro – e conseguimos.

Nossas pernas tremiam enquanto esperávamos o fim da contagem. Mais tarde, quando entramos nos alojamentos e mostramos as folhas, houve muita alegria. Em todas as nossas amigas nasceu a esperança de que um futuro mais claro estaria esperando lá fora, até mesmo para nós.

QUANDO VOCÊ PERCEBEU QUE ESTAVA OCORRENDO UM GENOCÍDIO?

Quando você percebeu que estava ocorrendo um genocídio?

Durante a Segunda Guerra Mundial, a palavra "genocídio" não existia nem no meu vocabulário nem no de ninguém. Só ficou claro para mim que estava havendo uma matança generalizada quando cheguei a Auschwitz. Antes disso, muita gente não entendia que não se tratava apenas do assassinato de certos indivíduos, que a matança envolvia um povo inteiro que devia ser varrido da face da Terra.

COMO VOCÊ IMAGINAVA A SUA VIDA DEPOIS DA GUERRA?

Eu era muito ingênua. Tinha certeza de que os alemães iam perder a guerra, mas não entendia que nem tudo poderia voltar a ser como era antes. Eu estava absolutamente convencida de que depois da guerra a Transilvânia se tornaria novamente parte da Romênia. Aqueles sonhos do começo da adolescência ainda pairavam sobre a minha mente. Eu voltaria, estudaria medicina, faria residência em pediatria. Iria para a África curar os doentes.

Eu não poderia imaginar que, mesmo que os Aliados vencessem, nada voltaria a ser como antes.

Não tínhamos estudado história na escola? Sim, tínhamos, mas a maior parte eram datas e anos, nomes de governantes e de batalhas, um tipo de aprendizado que não nos animava e que logo era esquecido. Eu não estava preparada. Não entendia que a vida não poderia continuar como antes. Mesmo com todo o esforço do mundo, eu nunca teria sido capaz de prever o que nos aguardava depois da guerra.

O QUE ACONTECEU COM A SUA IRMÃ?

Livi salvou a minha vida em Bergen-Belsen. Durante a comoção com a nossa libertação, eu tive uma febre alta e fiquei inconsciente. Ela achou um médico entre os prisioneiros libertados, que parecia estar ele mesmo precisando de um médico. Lembro-me do seu rosto quando ele me disse: "Sim, você está doente, e muitos dos doentes morrem aqui." Compreendi então que eu também iria morrer. Entreguei-me ao meu destino, fechei os olhos, e não me lembro de mais nada depois disso, até ver a minha irmã parada na cabeceira da minha cama, e então entendi que precisava aprender a andar de novo. Eu ficara inconsciente por várias semanas, e Livi tinha ajudado a cuidar de mim para me trazer de volta à vida.

No verão de 1945 viemos para a Suécia, e aqui ficamos. Livi casou jovem, tinha apenas dezessete anos quando conheceu Hans, que tinha vinte e sete. Ele também não passava de uma criança quando teve de deixar seus pais na Alemanha para se salvar. Ele foi para a Dinamarca, e dali para a Suécia, com a operação de resgate dinamarquesa. Eles tiveram seu primeiro filho quando Livi tinha dezenove anos, e depois mais dois. Ele contraiu a doença de Alzheimer e morreu em 2000.

Atualmente, Livi e eu vivemos perto uma da outra. Quando éramos mais novas, nos víamos todo dia. Hoje, ambas temos dificuldade de andar, então, em vez disso, falamos por telefone. Toda manhã, por volta das nove horas, uma de nós liga, e nos vemos com a maior frequência possível. Ela está chegando aos noventa anos, porém ainda visita escolas para falar sobre as nossas histórias de vida.

QUANTAS PESSOAS DA SUA CIDADE NATAL SOBREVIVERAM À GUERRA?

Quantas pessoas da sua cidade natal sobreviveram à guerra?

Essa é uma pergunta que não pode ser respondida. Aqueles que sobreviveram se espalharam pelos quatro cantos do mundo. Não foram muitos os que retornaram.

Éramos 3.007 homens, mulheres e crianças que foram levados no trem naquela manhã de 15 de maio de 1944. Quando o nosso grupo de mulheres foi contado depois da seleção, na noite em que chegamos a Auschwitz, 17 de maio, éramos 486. O número de homens pode ter sido semelhante. Supondo que o mesmo tenha valido para os cinco trens seguintes, significa que um terço sobreviveu à seleção inicial. Quantos morreram depois, ninguém sabe.

Da minha própria família, dez dos trinta e um que viviam em Sighet sobreviveram. Aqueles que quiseram retornar enfrentaram grandes dificuldades. Não havia rede de transportes funcionando depois da guerra, então a maioria das pessoas ia a pé, pedia carona de carro ou saltava a bordo de um trem quando deparava com algum.

Sanyi, o irmão caçula do meu pai, conseguiu. Ele havia trabalhado numa padaria em Auschwitz, e assim sempre teve acesso a pão. Tinha esperança de encontrar sua esposa, Helen, e quando a guerra acabou ele partiu para Sighet a pé. Então aconteceu algo incrível. Quando já tinha conseguido chegar até Praga, e estava simplesmente perambulando pelas ruas, de repente deu de cara com Helen. Ela também tinha sido libertada de um campo de trabalho e estava a caminho de Sighet, na esperança de encontrar seu marido.

Foi um dos poucos encontros felizes; a maioria das pessoas não encontrou ninguém quando enfim chegou a Sighet. Em muitos casos, nem mesmo suas casas permaneceram de pé. Sanyi e Helen mais uma vez tiveram sorte: sua casa estava intacta, e eles puderam se mudar para ela e começar uma nova vida. No entanto, não ficaram lá muito tempo. Sighet fora libertada pelos russos no outono de 1944, e a população estava vivendo sob um rígido regime comunista. Sanyi e Helen deixaram a Romênia logo que foi possível, e finalmente se estabeleceram em Los Angeles.

VOCÊ FICOU FELIZ QUANDO FOI LIBERTADA?

Nós fomos libertadas enquanto a guerra ainda transcorria furiosamente. As tropas britânicas a caminho de Berlim nos libertaram de Bergen-Belsen em 15 de abril de 1945. Pode-se pensar que eu tenha ficado feliz, mas estava tão enfraquecida e apática que mal pude sentir alegria. Meu único pensamento era que no dia seguinte eu iria para o campo dos homens e começaria a procurar pelo meu pai. Demorou muito até eu conseguir me alegrar com a liberdade.

Fiquei contente, é claro, mas se alegrar requer força, e isso levou tempo.

A primeira vez que senti um verdadeiro contentamento foi depois que chegamos à Suécia, quando a minha irmã e eu estávamos andando pela Västerbron, uma ponte em Estocolmo construída sobre dois enormes arcos, com uma visão panorâmica da cidade. Quando olhei para trás, não havia soldados da SS. Não ouvi cachorros latindo. Tudo o que vi foram pacíficas famílias suecas em bicicletas coletivas desfrutando seu domingo sob o sol. Livi e eu estávamos pensando a mesma coisa. Nós nos entreolhamos e começamos a dançar no meio da ponte.

POR QUE VOCÊ ESCOLHEU A SUÉCIA?

Geralmente digo que a Suécia me escolheu. Pouco antes do fim da guerra, quando os alemães compreenderam que a derrota estava próxima, tudo e todos que pudessem ser testemunhas de seus crimes tinham de ser destruídos. Eles precisavam esvaziar os campos e se livrar de seus habitantes de alguma maneira. Na época, nós – a minha irmã, Livi, e eu – estávamos em Eidelstedt, um campo de trabalho perto de Hamburgo.

Um dia, no começo de abril, recebemos ordens de nos reunir, todas as 200 garotas, num dos quartos dos alojamentos. A instrução foi suficiente para nos apavorar; mudança nunca era algo bom. Mas isso não foi nada perto do que veio depois. A mulher da SS, a "Anna gorda", como nós chamávamos a maldosa *Aufseherin*[12], nos ordenou que ficássemos nuas. "Para onde vocês estão indo, não vão precisar de roupas", ela acrescentou. Tiramos nossas roupas e ficamos ali sentadas por um bom tempo, tremendo de frio e medo. Depois, Schara, o comandante do campo, apareceu, olhou para nós com espanto e perguntou por que estávamos ali sentadas nuas. Quando ouviu que estávamos seguindo as ordens de Anna, ele a olhou com insatisfação e rapidamente nos fez vestir as roupas de novo. Pudemos respirar com um pouco mais de alívio, mas ainda não sabíamos do que se tratava; continuávamos apavoradas. Vestidas, fomos levadas à estação de trem e, com uma sensação de *déjà-vu*, mais uma vez fomos postas num vagão de gado com dois baldes de água e dois baldes para fazermos nossas necessidades. Nada de comida. Para onde estávamos indo? De volta para Auschwitz? A essa altura, Auschwitz havia sido libertado, mas nós não sabíamos disso.

O trem se arrastou como uma lesma por três dias e três noites. Ele avançava, parava, esperava numa linha lateral enquanto passavam transportes militares, e voltava a seguir adiante. Uma noite, enquanto o trem estava parado, pudemos ouvir o ranger de uma porta se abrindo e o som de um

---

12. Literalmente "supervisora", "sentinela", era o título dado às mulheres que exerciam a função de guardas nos campos nazistas. (N. do E.)

tiro. Ficamos plenamente convencidas de que nosso momento final tinha chegado, de que seríamos todas executadas. Esperei nervosa pelo próximo tiro. Logo, a porta do nosso vagão seria aberta e chegaria a nossa vez. Transformada em estátua, apertei a mão da minha irmã e prendi a respiração. Mas nada aconteceu. Passou um minuto, passaram dois, três, cinco, e comecei a respirar de novo. Nunca descobri quem foi morto com aquele tiro nem por quê, mas após algumas horas o trem começou a se mover novamente, e depois de algum tempo fomos despejadas num campo, numa área cercada de arame farpado. Uma mulher estava parada junto ao portão e eu perguntei a ela aonde tínhamos chegado. "Bergen-Belsen", ela respondeu, e acrescentou laconicamente: "Há trabalho, não há nada de pão, nada de gás." Fiquei um pouco aliviada e pensei: "Ainda tenho força para trabalhar, talvez eu dure algum tempo sem pão. A coisa mais importante é que não há gás." Depois, concluí que isso deve ter sido em 7 de abril de 1945.

Fomos instaladas em alojamentos limpos. Só depois da libertação, quando vi o interior dos outros alojamentos coalhado de piolhos, é que entendi o quanto tivemos sorte. Um grupo de judeus proeminentes havia sido mantido ali antes de nós, aguardando uma troca com prisioneiros de guerra alemães. Tínhamos efetivamente cruzado com eles na chegada; eles estavam a caminho do trem.

Não faltava só pão, também não havia água. Tínhamos de agradecer pelo tal café, o líquido preto que nos serviam duas vezes por dia, para nossa sobrevivência. Ficávamos deitadas nos nossos beliches, cada vez mais fracas, completamente apáticas e simplesmente esperando a morte. De repente houve um alvoroço do lado de fora. Os soldados britânicos a caminho de Berlim tinham dado de cara com nosso campo, e decidiram entrar e nos libertar. Era 15 de abril de 1945.

Tenho apenas recordações nebulosas do que aconteceu depois. O que me lembro é de ter ficado gravemente doente. Foi tifo que peguei quando estava correndo pelo campo à procura do meu pai. Livi cuidou de mim, e preciso agradecer a ela por ter salvado a minha vida. Alguns meses depois, uma delegação sueca veio a Bergen-Belsen com a missão de levar 10 mil sobreviventes para a Suécia para um período de recuperação de seis meses. Livi e eu estávamos entre eles. Depois de uma viagem de trem e a desinfecção em Lübeck, nos puseram num barco-ambulância com destino a Malmö, na Suécia. Nunca vou me esquecer dessa viagem, da sensação de liberdade.

COMO VOCÊ FOI RECEBIDA NA SUÉCIA?

O barco que nos levou para a Suécia chamava-se *Rönnskär*. Era um cargueiro que havia sido convertido em veículo de ambulância. Para mim foi uma experiência nova – eu nunca tinha viajado de barco, nunca tinha visto o mar. Não tínhamos permissão de sair para o convés durante o dia, a guerra ainda não havia terminado e o Mar do Norte estava cheio de minas. Barcos-piloto exploravam a rota para seguir em frente, e precisávamos ficar ancorados à noite. Era nessa hora que eu tinha autorização de subir, respirar o ar marinho e desfrutar a vista panorâmica. E eu saboreei aquela viagem.

Nossas expectativas eram altas. Meus colegas passageiros e eu sentíamos que havíamos sido escolhidos para uma nova vida, na qual seríamos tratados como hóspedes especiais e todas as nossas necessidades seriam atendidas. Nossas camas no barco eram feitas com lençóis de papel, e seu farfalhar ao mais leve movimento fazia-me sentir especial, como um bombom embrulhado em papel prateado. Três dias e três noites passaram depressa, e ficamos felizes quando chegamos a Malmö. Fomos recebidos por membros da *Lottorna*, a ala feminina da Guarda Nacional Sueca, que nos trouxeram chocolate quente e sanduíches. Achávamos que tínhamos chegado ao paraíso, e não dávamos conta de tanto comer sanduíches e de tomar aquela bebida celestial, o chocolate. Para mim, desde então, o chocolate tem sido o próprio símbolo da boa vida na Suécia.

Do porto, fomos levados de bonde para a Linnéskolan, a escola onde fomos abrigados. O que mais me lembro daquela época é da comida, tanto a boa, carne com rábano, como a estranha, pudim negro com chapeuzinhos de arando, que mesmo assim descia deliciosamente. Nós comíamos e comíamos e comíamos, e nunca estávamos satisfeitos. A comida era o lado luminoso da nossa vida, e nós desfrutávamos dela. Recebíamos cinco refeições por dia, mas sempre tínhamos medo de que a comida acabasse. A maioria de nós levava comida do refeitório e escondia debaixo do travesseiro. O fato de termos autorização de pegar sanduíches entre as refeições não nos impedia de fazer isso, nem as garantias da paciente equipe de que nunca faltaria comida. Essa fome insaciável nos afetou pelo resto da vida de diferentes maneiras: alguns de nós ficaram anoréxicos, mas a maioria, desde então, mantém uma geladeira superlotada.

A população local se juntava do lado de fora da escola para espiar os sobreviventes de Bergen-Belsen, mas nós éramos proibidos de nos aproximar deles. Fomos mantidos em quarentena por seis semanas, e só depois tivemos permissão de nos comunicar com os suecos do lado de fora. Eles foram gentis e estavam curiosos; alguns trouxeram pequenos presentes, mas não queriam realmente ouvir nossas histórias. Fomos bem recebidos. Ainda não era o momento oportuno de as pessoas mostrarem seu preconceito, suas inclinações nazistas, seu antissemitismo. Tudo isso foi varrido para debaixo do tapete. Foi só nos anos 1980 que o nazismo voltou a emergir, a se espalhar mais uma vez. Quando penso nisso, posso ver também hoje esse padrão. As pessoas são empáticas, querem ajudar, compartilhar o que têm sobrando, mas, assim que se torna uma questão de fazer sacrifícios, compartilhar no sentido mais estrito ou abrir mão do seu próprio tempo, tudo fica mais difícil.

Nós nos sentimos bem-vindos na Suécia. Quando a euforia inicial se estabilizou e experimentamos nossos primeiros reveses, começamos a pensar em deixar o país. Mas aos poucos nos acostumamos com a Suécia, e a Suécia se acostumou conosco. Aprendemos que não existe paraíso na Terra. Na Suécia, como em outros países, algumas coisas são boas, outras ruins. Então, agora, eu me sinto em casa.

COMO VOCÊ LIDOU COM O SEU TRAUMA?

Tive a sorte de poder vir para a Suécia bem cedo, já no verão de 1945. Foi um tempo difícil. Eu estava atormentada por ter perdido toda a minha família, exceto a minha irmã. Era torturada por pensamentos sobre como os meus pais podiam ter sido assassinados enquanto eu sobrevivera. Quantas das cinquenta e seis pessoas da minha família estendida ainda estariam vivas?

A palavra "trauma" mal era conhecida, e ninguém ouvira falar de "processar um trauma". A noção de que uma pessoa pode sofrer um trauma duradouro só passou a chamar a atenção quando mais e mais sobreviventes se queixavam de problemas de saúde. Já durante a Primeira Guerra Mundial, alguns soldados sofreram traumas assim como resultado daquilo a que haviam sido sujeitados, mas por muito tempo esse sofrimento não foi aceito como enfermidade mental. Era chamado de "choque pós-guerra", e os soldados eram mandados de volta ao *front*. Quando os sintomas voltavam, eram acusados de impostores.

Quando mais e mais sobreviventes começaram a procurar ajuda profissional, e os médicos não conseguiam achar nenhuma explicação física para seus sintomas, a noção de que os problemas podiam ser de natureza mental, resultado de suas experiências de guerra, começou a criar raízes. Foram necessários alguns anos, mas aos poucos veio a compreensão de que apenas o tratamento pode ajudar aqueles que sofrem. Foram criados diversos centros de trauma, e os refugiados que chegaram mais tarde tiveram a oportunidade de processar suas experiências.

Eu tive sorte. Tinha uma boa constituição, era atlética, bastante forte e uma vontade obstinada. Aparentemente, também tinha bons genes. Além dessas qualidades, durante a minha primeira infância, que pode nutrir ou privar o indivíduo de segurança, confiança e convicção, tive a felicidade de ter pais dedicados e sensíveis, que me proporcionaram um forte impulso inicial na minha jornada de vida. Uma mãe amorosa e um pai presente. Os três primeiros meses deixam sua marca no indivíduo, de acordo com os psicólogos. É aí que a criança vê seu próprio reflexo nos olhos da mãe, e encontra afirmação ao se sentir bem-vinda no mundo. Essa segurança foi o que me ajudou depois da guerra, no caminho de volta para a vida.

Além disso, comecei instintivamente a processar minhas experiências escrevendo um diário. Eu vinha mantendo um diário desde o começo da minha adolescência, e então voltei a fazê-lo. Isso virou uma espécie de autoanálise. Marianne, uma moça sueca da minha idade que se tornou minha amiga, me apoiou. Ela significou muito para mim. Tornou-se como uma irmã mais velha. Ensinou-me a fazer uma planilha de balanço para anotar num lado do papel tudo o que foi bom e no outro lado tudo o que eu tinha perdido. Na época não adiantou muito, mas com o tempo acabou sendo útil.

Ao mesmo tempo, eu queria ser forte na frente de Livi. Enquanto Marianne se tornou a minha irmã mais velha, eu sentia que tinha de apoiar a minha irmã mais nova. Foi uma época sofrida, e a dor não diminuiu até eu começar a trabalhar, e mesmo assim só em parte do tempo. O trabalho exigia toda a minha concentração durante o dia, mas à noite as questões que me atormentavam voltavam à tona. Qual foi o propósito de tudo aquilo? Por que *eu* tinha sobrevivido? Tive muita dificuldade para achar a resposta, mas sabia que deveria haver uma razão para eu ainda estar viva. E então, um dia, a razão se revelou a mim.

O QUE FEZ VOCÊ COMEÇAR A DAR PALESTRAS?

Finalmente percebi que tinha sobrevivido para que alguém pudesse contar o que aconteceu durante o Holocausto. Se ninguém contar a história do Holocausto, ele será esquecido, e aquilo que é esquecido pode ser facilmente repetido. Se cair no esquecimento, ninguém lembrará que 6 milhões de judeus e incontáveis comunistas, *gays*, pessoas com deficiências, ciganos e outros – considerados de menor valor humano – algum dia existiram.

A primeira vez que compreendi isso foi quando uma professora me chamou para eu falar na sua escola.

Quando me aposentei, no começo da década de 1980, comecei a escrever livros sobre o que tinha acontecido. O primeiro foi *Skärvor av ett liv: vägen till och från Auschwitz*.

Desde então, tenho dado palestras por muitos anos, e fiz isso por dois motivos: para que os nomes dos meus pais, Frida Klein Szmuk e Ignatz Szmuk, continuem vivos e para que as futuras gerações levem a sério as lições do Holocausto, de modo que nunca tenham de vivenciar nada parecido como aquilo pelo que passei.

Adolescentes costumam se debater com questões sobre o sentido da vida. Fazem isso, às vezes, mesmo sem ter passado por uma guerra ou perseguição. Eu gostaria de parafrasear o autor somali Nuruddin Farah, que diz que o sentido da vida é fazer o bem, realizar atos bons, ajudar o próximo – pois isso também faz você se sentir bem.

Quanto a mim, acredito que o sentido da vida é a vida em si.

VOCÊ SE SENTE SUECA?

A questão de eu me sentir sueca é muito complicada. Ela levanta muitas outras questões: quem sou eu, onde me sinto em casa, a que lugar pertenço? É o lugar onde nasci ou o lugar onde cresci? É onde tenho a minha família e o meu trabalho ou tem a ver com o grupo nacional, étnico ou religioso no qual me encaixo? Chegar a uma resposta leva tempo.

Eu nasci na Romênia, numa família judia que falava húngaro. Durante a minha infância, era natural que outras crianças falassem outros idiomas, comessem outras comidas e vestissem outras roupas; nós brincávamos juntas e nos entendíamos. Foi só na escola que tomei consciência de como alguns consideravam certos grupos melhores do que outros. Éramos castigados por falar línguas diferentes do romeno. Minha primeira lembrança do meu primeiro dia de aula é de levar vários golpes na palma da mão com uma vara de bambu, golpes que deixaram marcas vermelhas, profundas. Nos anos seguintes, evitei outras surras, mas frequentemente era privada do dinheiro da semana quando era pega falando húngaro. Éramos multados em um leu romeno para cada palavra. A intenção era usar o açoite de bambu para transformar em romenos todos os diferentes grupos étnicos. E, em parte, isso deu resultado. Quando os húngaros entraram na Transilvânia em 1942, eu era uma nacionalista romena totalmente assumida. E eles tentariam nos transformar em nacionalistas húngaros. Chegaram a usar o mesmo artifício – o açoite.

Quando vim para a Suécia, não sabia quem eu era. Vim de um mundo onde não contávamos como seres humanos. A coisa mais extraordinária é perceber como é fácil ver a si mesmo através dos olhos dos outros. Se o outro pensa que sou boa, eu me sinto boa; se o outro pensa que sou ruim, eu me sinto ruim. Como todo mundo, eu sentia necessidade de ver aceitação nos olhos dos suecos antes de poder responder à pergunta de quem eu era. Eu vim da Transilvânia, na época uma parte da Hungria, então fui classificada como judia húngara. Mas os húngaros foram nossos carrascos, foram eles que nos entregaram aos alemães. Então eu não queria me declarar uma judia húngara.

Quando criança, eu queria me ver como romena. Mas havia apenas rejeição nos olhos dos nossos vizinhos romenos. Tampouco me tornei húngara depois da chegada dos húngaros. Experimentei aquela mesma rejeição, independentemente do que eu desejasse. Quando cheguei à Suécia, eu não era nada. Eu seria capaz de me tornar sueca? Esperava que sim. Se aprendesse a língua e encontrasse trabalho, achei que talvez fosse capaz.

O sentimento de pertencer surge como resultado da interação entre a abertura da comunidade que recebe e a vontade da própria pessoa de se adaptar. A vontade de me adaptar estava presente em mim desde o começo. Foi maravilhoso me sentir bem recebida pela sociedade sueca quando cheguei a Malmö, mas infelizmente isso não duraria muito. Com o tempo, descobri que havia me enganado, tomado a piedade dos indivíduos que nos receberam como boas-vindas. Levei vários anos para compreender. A essa altura, eu já tinha um emprego e havia começado a aprender a língua. Ainda era considerada estrangeira, e assim continuaria sendo até me tornar cidadã. Descobri que a gente não se torna sueco até receber a cidadania, pela qual é preciso esperar sete anos.

Os anos se passaram, eu me casei e tive três filhos. Já havia criado raízes – tinha meu lar na Suécia e começava a me considerar sueca. Mas a sociedade sueca tinha uma opinião diferente; eu ainda era apenas uma imigrante. Eu e o meu marido, que tinha as mesmas origens, trabalhávamos duro e contribuíamos para o desenvolvimento da sociedade sueca.

Hoje, eu me considero sueca, mas ainda não ouso dizer isso em voz alta na frente de pessoas que não conheço, pois é doloroso demais ser rejeitada com um olhar que diz: "Você não é uma das nossas. Você é uma imigrante, somos capazes de aceitá-la como uma sueca imigrante."

Ainda assim, as coisas mudaram um pouco desde a nossa chegada. Agora, mais e mais gente se aproxima de mim sem aquele olhar duvidoso que diz: "Você é de onde? Você não é uma das nossas?" Mais e mais gente tem abandonado seus preconceitos, e espero que muitos outros ainda façam o mesmo, que a Suécia se torne um país onde tenhamos nos libertado dos preconceitos entranhados que impedem a aceitação do outro, que a Suécia abrace pessoas naufragadas e as incorpore à sociedade. Se imigrantes e suecos puderem se encontrar no meio do caminho, todos vamos prosperar.

VOCÊ SE VÊ NOS REFUGIADOS DE HOJE?

Eu vim para a Suécia no verão de 1945, graças à generosa promessa do governo de receber 10 mil sobreviventes enfermos para uma recuperação de seis meses. Esses seis meses se transformaram numa vida inteira cheia de lutas, fracassos e sucessos.

Nós fomos os refugiados do passado, gratos pela generosidade que nos foi demonstrada. Para recuperar nossa dignidade, queríamos começar a trabalhar logo que tivéssemos força para isso. Não importava que tipo de trabalho, pegávamos o que nos era oferecido. Achávamos que aprendendo a língua seríamos capazes de conquistar nosso desejo mais profundo: tornarmo-nos cidadãos úteis. Não queríamos retornar aos nossos países de origem, então não éramos diferentes dos refugiados de hoje. A única diferença era que nós não queríamos, e hoje eles não podem.

Quando vejo as imagens chocantes de barcos decrépitos, superlotados, no Mediterrâneo, posso me ver ali sentada. Eu também teria dado um jeito de me enfiar naquele barco, mesmo com pouca esperança de sobreviver. Essas pessoas sabem que não são bem-vindas em lugar nenhum, da mesma forma que sabíamos que os judeus não eram bem-vindos já em 1938. Mesmo depois de 1945, as coisas não melhoraram; preconceito é como uma mancha teimosa, difícil de ser lavada.

O preconceito começa como estrutura social que busca afirmação. Como uma profecia autorrealizadora, ele se torna um círculo vicioso.

Apesar disso a Suécia se abriu, pelo menos para nós, aqueles 10 mil.

Quando olho os refugiados de hoje, eu me identifico com essas infelizes pessoas cuja única alternativa para a morte iminente é uma perigosa viagem para dentro do desconhecido. Em vez de serem acolhidas por uma mão estendida que as ajude, são recebidas por muros altos e pessoas indiferentes que perderam sua humanidade. Vejo o mesmo egoísmo e irresponsabilidade que existiam no começo dos anos 1930, porém ainda mais forte.

Naquela época, como agora, não havia muitas pessoas capazes de imaginar que algo ruim pudesse acontecer a elas. O pastor protestante Martin

Niemöller também não acreditava nisso, pois no começo Hitler não atacou o protestantismo. Mais tarde, quando foi preso, ele disse: "Primeiro vieram atrás dos comunistas, e eu não me manifestei – porque não era comunista. Depois vieram atrás dos judeus, e eu não me manifestei – porque não era judeu. Aí vieram atrás de mim – e já não restava ninguém com quem contar."

O pior pode acontecer a todos e a cada um de nós, não importa o esforço que façamos para tentar dizer a nós mesmos o contrário. Ainda não vimos o fim da crise atual dos refugiados, nem podemos dizer que nós, algum dia, também não teremos de pegar nossos pertences e procurar um novo lar. Se você já passou por isso uma vez, sabe que pode acontecer de novo.

ALGUMA VEZ VOCÊ JÁ FOI AMEAÇADA POR NEONAZISTAS?

Alguma vez você já foi ameaçada por neonazistas? **145**

Cerca de trinta anos atrás, recebi a ligação de uma jornalista que queria que eu debatesse sobre o Holocausto na televisão com uma das principais figuras nazistas da época. Ele era um desses que negam o Holocausto, e tinha acabado de ser solto da prisão. Eu recusei. Só posso falar sobre aquilo pelo que passei; não posso convencer aqueles que não acreditam em mim. Quando eles argumentam que ninguém viu uma câmara de gás por dentro, só me resta concordar. É verdade, ninguém pode dizer que viu uma câmara de gás por dentro, pois ninguém que entrou numa câmara de gás saiu de lá com vida.

Pode ser difícil mudar a cabeça de nazistas inveterados, mas o mais importante é chegar aos jovens antes que eles sejam afetados pela ideologia do ódio – chegar ao "fim da fila", àqueles que aderem aos nazistas porque parece uma ideia divertida. Será que os jovens conseguem entender no fundo do coração o que aconteceu durante o Holocausto? Será que é possível impedir que eles entrem para grupos nazistas que os seduzem com camaradagem, música, álcool e promessa de aventuras?

Como exemplo de quanto é difícil convencer nazistas já devotados, quero contar a história de um encontro entre Judith, uma sobrevivente, e um nazista anônimo, muito jovem, que distribuía panfletos com a mensagem "Auschwitz nunca aconteceu". Judith foi até ele e perguntou como ele podia saber disso, considerando que era tão novo na época. O nazista retrucou que tinha ouvido de um renomado professor. Judith levantou a manga do casaco e mostrou seu número tatuado, A-51792. O nazista simplesmente riu e disse que Judith podia ter feito aquele número ela mesma.

Meu próprio encontro pessoal mais próximo com um neonazista foi no começo da década de 1990, quando ele foi julgado por difamação. Ele escreveu cartas cheias de ódio para várias pessoas, até para mim. Eu fui chamada como testemunha e pediram que eu contasse a minha história. Ele foi condenado à prisão, mas mesmo preso conseguiu me mandar uma carta horrorosa. Eu a entreguei à polícia. O que aconteceu depois, eu não sei.

O diretor de uma escola em Täby, na Suécia, uma vez me ligou e pediu que eu fosse dar uma palestra lá, pois algumas crianças bagunceiras estavam brigando e rabiscando suásticas nas paredes. Depois da minha palestra – da qual, naturalmente, esses garotos não participaram – algumas meninas vieram me agradecer. Elas acharam importante ouvir minha história e disseram que não sairiam mais com aqueles garotos. Quando os garotos perderam seu apoio, a escola ficou mais calma e as suásticas desapareceram.

Ao longo dos anos tenho recebido algumas cartas insultantes e, às vezes, até ameaçadoras. Geralmente as entrego à polícia. Mas nunca conseguiram me assustar. O objetivo daqueles que escrevem cartas anônimas quase sempre é apenas provocar medo.

VOCÊ ODEIA OS ALEMÃES?

Nosso grupo de trabalho tinha acabado de voltar ao campo depois de um dia duro e chuvoso em meio às ruínas. A maioria de nós tinha os sapatos gastos de tanto uso, e circulavam rumores sobre uma nova remessa. Quem ganharia sapatos novos? Faminta e gelada, com os pés molhados dentro de sapatos que eram sapatos só no nome, abordei o chefe do campo e perguntei se podia receber um par. Ele olhou para mim com um sorriso irônico e me deu um tapa no lado esquerdo do rosto, um tapa tão forte que me deixou com um zumbido no ouvido. Eu estava quase caindo quando outro tapa acertou meu lado direito. Em vez de restaurar meu equilíbrio, me jogou no chão. A dor foi ofuscada por um ódio furioso; eu queria me jogar em cima dele e bater, bater, bater. Mas não me atrevi. Ele detinha o poder.

    Sendo da Hungria, eu tinha dois objetos de ódio: os alemães e os húngaros. Os alemães eram aqueles que nos atormentavam, mas foram os húngaros que nos entregaram aos nossos carrascos. E, depois da guerra, ainda levaria algum tempo até eu deixar de odiá-los. Por mais estranho que pareça, meu ódio pelos alemães desapareceu antes que meu ódio pelos húngaros. A imagem dos chapéus emplumados dos gendarmes húngaros me atormentaria por longo tempo em meus pesadelos.

    Só superei esses pesadelos graças a um imigrante húngaro que conheci alguns anos atrás. Ele me contou que havia nascido numa pequena aldeia na *Puszta*[13] húngara, e nunca tinha visto um judeu até vir para a Suécia. No entanto, sabia que os judeus deviam ser odiados por terem crucificado Jesus. Aprendera isso dos padres na escola dominical antes de aprender a ler.

    Isso me fez pensar, e acabei vendo o outro lado da moeda. Comecei a perceber que não foram nossos vizinhos em Sighet que haviam nos levado para os vagões de gado, mas os jovens policiais da região, que nutriam um ódio arraigado. O resto de Sighet provavelmente não sentiu um prazer ran-

---

13. Bioma da Hungria, literalmente "despido". Estepe formada por pastagens, gramíneas e arbustos isolados. (N. do E.)

coroso ao se livrar de nós. Alguns dos nossos vizinhos até tentaram ajudar. A cabeleireira da minha mãe desafiou a interdição de entrar no gueto, e nos visitava com alimentos.

O ódio é uma reação natural diante da injustiça, e precisa ser aceito pelo que é. Todavia, não se chega muito longe com ódio, ele é muito contraproducente. O ódio não afeta quem odeia, mas o odiado se sente terrível. Ele desperta sentimentos vingativos, e, se esses forem externados, o odiado logo se transformará naquele que sente ódio. Isso conduz a uma espiral interminável. Leva tempo até você conseguir abandonar o sentimento de ódio. É preciso processar o que aconteceu, terminar de odiar. Então se pode seguir adiante e viver sem amargura. Não é uma questão de perdoar. Não posso perdoar em nome daqueles que foram assassinados, como disse o famoso caçador de nazistas Simon Wiesenthal. Mas é possível aprender a conviver com o que aconteceu. Pode-se viver lado a lado com o ex-inimigo, tolerando um ao outro, percebendo que você jamais saberá como teria reagido numa situação vulnerável. Enquanto eu estava nos campos, odiava todos os alemães, estava cheia de sentimentos vingativos. Se eu tivesse tido a oportunidade, provavelmente teria executado a minha vingança. Mas, depois da libertação, eu e a maioria dos outros entendemos que a vingança só nos faria afundar ao mesmo nível dos assassinos.

Depois da libertação de Bergen-Belsen, os soldados britânicos puseram nossos ex-guardas num caminhão e ficaram dando voltas estimulando: "Eis aqui os seus carrascos, façam o que quiserem, vinguem-se." Não foram muitos os que se vingaram. A maioria simplesmente se afastou, contentes em saber que eles não nos governavam mais.

Nossa vingança é que nós, que supostamente devíamos ser exterminados, ainda estamos vivos e temos novas famílias. Nossa vingança é que os nazistas do passado se foram; hoje, mais e mais dos seus descendentes escutam nossas histórias e trabalham para garantir que aquilo nunca acontecerá de novo.

Hoje, tenho muitos amigos tanto alemães como húngaros – muitos deles filhos dos nossos carrascos – que trabalham para o mesmo objetivo que eu.

Infelizmente, às vezes também encontro outros que voltam a se dedicar a ideologias preconceituosas de ódio. Esses não escutam a minha história, simplesmente repetem as frases ensaiadas que tentam espalhar entre os jovens. Esses neonazistas precisam ser isolados para impedir que mais pessoas se juntem a eles.

Eventualmente, há uma pessoa num círculo de conhecidos que fala de forma preconceituosa. Quando isso acontece, quero muito perguntar em que ela baseia sua convicção. Com isso, espero despertar sua vontade de examinar em detalhe suas opiniões e de outros, e fazer seu próprio julgamento acerca de sua veracidade. Dou início a uma discussão que pode não trazer resultados imediatos, mas, se uma questão é levantada várias vezes, há esperança de que ela possa conduzir a uma mudança.

VOCÊ SE ENCONTROU COM ALGUM CARRASCO?

Terminada a guerra, o ódio em relação aos alemães permaneceu comigo. Levei um tempo para me livrar dele. O que também continuava pairando era um medo inconsciente. Alguns anos depois da guerra, viajei num trem noturno pela Alemanha e acordei molhada de suor de um pesadelo no qual os alemães estavam prestes a me enforcar. Despertei em pânico. Levei alguns instantes para perceber que tinha sido só um sonho causado pela minha camisola, que havia se enrolado em volta do meu pescoço.

No começo, recusei-me a falar alemão e viajar para a Alemanha. Mais tarde, quando dirigia uma pequena empresa e não tive escolha, foi muito difícil. Eu via todo mundo da minha idade ou mais velho como um potencial carrasco. Nunca me permiti ser atraída para uma conversa privada; todos eram culpados sem julgamento. Foram necessários muitos anos até eu entender que ver todos os alemães como carrascos era um preconceito meu. Finalmente me livrei da desconfiança e do ódio. À medida que passavam os anos, comecei a aceitar convites para vários eventos na Alemanha, e fui achando cada vez mais fácil me socializar com alemães. Cheguei a fazer amigos. Um deles era filho de um carrasco, Martin Bormann, braço direito de Hitler. Seu nome também era Martin.

Como todos os jovens, ele também fora membro da Juventude Hitlerista, e no fim da guerra estava combatendo no *front*. Ficou absolutamente infeliz quando Hitler se rendeu. Planejava tirar sua própria vida, e vagou pelas florestas com uma arma, sem comida, por várias semanas. Mas a fome o obrigou a bater à porta de um chalé. Era a casa de um padre. Meu amigo se apresentou com outro nome e pediu comida. Quando o padre lhe fez perguntas, ele respondeu que o pai tinha morrido em batalha e que sua mãe desaparecera. O padre teve pena de Martin, e ele teve permissão de ficar lá por vários anos. Foi a primeira vez que Martin encontrou a mensagem do amor, e isso o marcou profundamente. Ele percebeu então a diferença entre as duas formas de vida que experimentara, e decidiu difundir a mensagem ele mesmo.

Martin não foi o único que se distanciou do passado. Conheci mais e mais jovens alemães que discordavam dos seus pais, e sua meta passou a ser corrigir os crimes da geração anterior.

Joakim era um jovem conhecido na minha área comercial cuja história de vida também me comoveu. Órfão de pai, estava convencido de que ele tinha morrido no *front*, como os pais de muitos da sua geração. Sua mãe se casou de novo com um ex-militar e logo teve novos filhos. Ele cresceu num ambiente amoroso, mas manchado pelo espírito nazista que ainda prevalecia na sua família. Recordava-se das palavras de sua avó: "Faça o que quiser, mas nunca se case com uma judia."

Joakim não conseguia se lembrar bem de quando ouviu pela primeira vez que seu pai tinha sido um carrasco. Perguntou à sua avó, que confirmou a filiação do pai ao Partido Nazista, uma exigência para todos os alemães naquela época. No entanto, a avó não quis admitir que seu filho tivesse cometido algum crime.

Quando Joakim ficou mais velho, as acusações de que seu pai era um dos criminosos nazistas que tinham fugido da Justiça depois da guerra tornaram-se mais frequentes. Ele denunciava esse fato como mentira e contratou um advogado para provar. O advogado investigou e, para desespero de Joakim, confirmou as alegações. Seu pai tinha sido um oficial de alto escalão responsável pelo extermínio dos judeus num dos territórios ucranianos. No fim da guerra, recebera ajuda suficiente por meio da Igreja Católica para fugir para a Itália e lá esperar pelo seu visto de entrada para a Argentina. Quando Joakim descobriu tudo isso, cortou todos os laços com sua família e decidiu dedicar a vida a combater o nazismo.

Conheci outro jovem, Friedrich, a caminho de uma conferência sobre direitos humanos. No decorrer da nossa conversa, ficou claro para mim que ele fora membro da Juventude Hitlerista e agora estava tentando endireitar seu passado e obter respostas sobre por que nunca tinha pensado por si mesmo, sempre aceitando e executando obedientemente aquilo que lhe ordenavam.

Ele me perguntou sobre o meu passado e ficou chocado quando descobriu que eu tinha estado nos campos. Eu não quis saber mais sobre o passado dele, onde estivera e o que tinha feito. Agora que ele participava do mesmo trabalho que eu, o passado não tinha importância. Só se ex-inimigos conseguirem se unir e lutar juntos pelo mesmo objetivo é que poderemos ter esperança de um futuro melhor, um futuro numa sociedade digna, com uma vida sem ódio e sem vingança.

VOCÊ É CAPAZ DE PERDOAR?

Essa é uma pergunta na qual tenho pensado com frequência, até que percebi que não é nesses termos que se deve pensar. O que foi feito não pode ser desfeito, o tempo não pode voltar para trás, aqueles que se foram nunca voltarão. Hoje, temos de olhar para o futuro.

O que podemos fazer hoje é trabalhar para assegurar que aquilo nunca mais aconteça de novo.

VOCÊ VIAJOU DE VOLTA PARA
A SUA CIDADE NATAL?

Tive de conviver com pesadelos por um longo tempo. Quando era casada e tinha filhos pequenos, sonhava à noite que estava em Sighet, e que a minha família ainda estava em Estocolmo. Eu achava que nunca ousaria voltar para lá.

Mas o tempo passou, os meus filhos cresceram e, quando tomaram consciência do que a nossa família tinha de especial, fizeram perguntas. Afinal, não tinham avós maternos nem paternos, nenhuma tia pelo lado do pai, nenhuma família estendida com quem pudessem passar as férias escolares, como faziam seus colegas. Não havia nenhuma ocasião especial em que a família inteira se reunia. Quando entraram na adolescência, resolvi que viajaríamos para Sighet para que eles se sentissem mais próximos de suas raízes e compreendessem a nossa situação um pouco melhor.

Durante a viagem, foi uma tarefa muito difícil contar aos meus próprios filhos sobre a família que havíamos perdido. Eu não queria que eles percebessem que eu estava triste, então falei como se fosse uma turista numa cidade estranha, virando as páginas de um livro escrito por outra pessoa. Não me permiti sentir nada. Eu ainda não entendia que listar fatos produz apenas conhecimento intelectual, o que alcança a mente da pessoa. Para a compreensão emocional, a história deve chegar ao coração. Os meus filhos tiveram as respostas às suas perguntas, mas eu não sabia o que eles realmente pensavam. Acabei ficando sem nenhuma experiência real de ter revisitado o meu lar de infância. Foi por isso que decidi viajar para lá outra vez, partir para uma peregrinação com a minha irmã, visitar todos os lugares que foram importantes para nós, deixar que as emoções nos envolvessem, nos permitir chorar. E, no verão seguinte, foi o que fizemos.

Nossa primeira excursão foi à região central, onde o parque estava forrado de lojas. Era como ir ao teatro assistir a uma peça que eu já tinha visto. O cenário era o mesmo, mas todos os atores tinham sido trocados. O pavilhão de música no parque ainda estava lá, mas recém-reconstruído. As placas diante das lojas tinham mudado; em vez de nomes judeus, ostentavam agora nomes romenos. Entrei numa loja que tinha sido do meu tio, onde um proprietário desconhecido vendia o mesmo tipo de tecidos que eu costumava escolher. Circulei pela cidade e vi a minha tia dobrando uma esquina, mas, quando consegui alcançá-la, era uma completa estranha.

Nossa velha casa também estava lá. Os donos nos olharam com um pouco de desconfiança quando dissemos que tínhamos morado ali quando crianças. Tiveram medo de que quiséssemos reivindicá-la, mas nos deixaram entrar para dar uma olhada. Lá dentro, não vi o que estava na minha frente. Em vez disso, vi o dormitório dos meus pais como ele era mobiliado naquela época. No meu quarto vi meus bens mais queridos, o piano e os livros. Quase pude ouvir nosso cachorro, Bodri, latindo lá fora no quintal. Tanto Livi como eu choramos muito. Sentimo-nos como crianças de um livro de contos que tinham saído de casa sem permissão e agora estavam sofrendo as consequências – embora soubéssemos racionalmente, é claro, que a culpa não era nossa.

Ambas as viagens trouxeram algo de positivo. Os pesadelos perderam a força. Não cessaram totalmente, mas com o tempo parei de acordar suada, com a sensação de que os meus filhos ainda estavam na Suécia e de que eu estava muito longe e nunca mais voltaria a vê-los. Isso me fez compreender que os medos precisam ser confrontados. Só então é que se consegue forçar os monstros a sair de baixo da cama.

COM QUE FREQUÊNCIA VOCÊ PENSA NO TEMPO QUE PASSOU NOS CAMPOS?

Com que frequência você pensa no tempo que passou nos campos?

Tenho dado palestras sobre o tempo que passei em diferentes campos quase diariamente desde a década de 1980, e, cada vez que falo sobre o assunto, tenho a sensação de reviver tudo aquilo. Apesar de ser muito difícil, isso levou a uma coisa boa – para mim tornou-se um meio para processar o meu trauma.

A maioria dos sobreviventes acha difícil falar sobre o que lhes aconteceu, então aquilo tudo fica pairando como uma dor constante. Como trabalho com isso diariamente, e escrevo livros sobre o tema, já não está mais ali quando deixo o trabalho. Não está presente na minha consciência, embora esteja sob a superfície. E não é necessário muito para que desperte.

Se estou descendo a rua e ouço um cão latindo atrás de mim, instantaneamente estou de volta ao campo, num grupo de moças em filas de cinco a caminho do trabalho, vigiadas pelos soldados da SS com seus cães. Se uma delas para ou sai da fila, sabemos que eles vão soltar os cachorros em cima dela. Posso sentir o medo, o vento gelado que soprava através do meu vestido fino, e a dor nos meus pés em carne viva causada pelos rústicos tamancos. Outras vezes, vejo uma chaminé e sinto a mesma dor de quando entendi qual era a função das chaminés em Auschwitz.

Quando estou com a minha irmã, raramente falamos sobre o Holocausto. Mas os fatos que evocam o passado são os mesmos para ela, e basta que nos entreolhemos para saber que estamos pensando a mesma coisa.

QUAL É A SENSAÇÃO DE ENVELHECER?

Eu me contorço à noite e noto com satisfação que o voo que eu deveria pegar está atrasado. Ainda não sei se tudo isto é um sonho ou se realmente estou prestes a embarcar numa viagem. Mas, já que o avião está atrasado, a sensação é boa. Posso aguardar ansiosa mais um ensolarado dia de outono. Estarei sonhando ou isto é real?

Nos campos, eu tentava imaginar que os sonhos que tinha à noite eram a realidade e que, em vez disso, o dia era o sonho. Será que agora é assim? Contra o que estou lutando? A resposta jaz em plena luz do dia: envelhecimento.

Quando é que alguém começa a envelhecer? Hoje, o início é cada vez mais tarde. Hoje, falamos de jovens idosos – isto é, aposentados que ainda têm força para realizar coisas. Mas essa força decai com o transcorrer do tempo, e os jovens idosos se tornam velhos idosos. É uma coisa muito individual – a idade biológica nem sempre corresponde à idade que a pessoa sente ter. Eu mesma não comecei a pensar na minha idade até o dia em que fiz oitenta e dois anos. Foi aí que me ocorreu que eu estava velha, que estava fazendo oitenta e dois anos. Comecei a brincar com os números e, de repente, percebi que fazia séculos que eu tinha feito vinte e oito.

Envelhecer tem seus prós e contras. O mais difícil é aprender a aceitar a vagarosa perda das nossas habilidades. Começa com a deterioração da visão e da audição, e continua com várias deficiências físicas e mentais. Tudo fica mais lento, a gente fica mais lerda nos movimentos, a capacidade de reagir piora, já não é aconselhável guiar.

De início, eu ficava brava comigo mesma por não ter força para fazer tantas coisas quanto antes, mas aos poucos compreendi que tinha de aceitar o fato e aprender a ir mais devagar. No começo, tentava compensar minhas perdas fazendo tudo com maior atenção e paciência, mas cheguei à conclusão de que não adiantava. A memória de curto prazo desaparece, vai ficando cada vez mais difícil lembrar o nome das pessoas. Parece que o meu eu perdeu a conexão com meu cérebro: ele não quer produzir as respostas certas não importa o quanto eu me esforce. Noto como as coisas que costumavam ser de máxima importância para mim perderam sua significância. Com os anos, comecei a ter a sensação de estar escalando uma montanha, e à medida que se chega aos picos mais altos pode-se ver tudo lá embaixo ficando cada vez menor, até mal ficar visível.

Não me preocupo mais com coisas banais. Sou capaz de perdoar declarações estúpidas e aceitar alegações injustas para evitar conflito. Não me sinto mais tão importante quanto antes. Eu me regozijo com um novo dia toda manhã, com a mudança das estações, com a gentileza de um ser humano próximo. É cada vez mais importante conhecer pessoas; eu, que sempre fui uma loba solitária, agora aprecio companhia.

Quando deparei com a pesquisa sobre gerotranscendência, comecei a me compreender melhor. A vida muda o tempo todo, e a gente mal percebe quando cruza a linha entre um estágio e outro. Bebês de colo crescem para se tornar pequenas crianças, crianças maiores se transformam em adolescentes, mulheres passam pela menopausa, e a morte é a passagem final. A morte é algo que nos espera a todos, no entanto ainda é tabu falar sobre ela. O corpo se prepara para ela, desacelera, adquire novas perspectivas. É isto que os cientistas estão chamando de gerotranscendência: a ideia de que a morte está chegando cada vez mais perto e se manifesta em sonhos, que são cada vez mais sobre movimento, sobre viagens, sobre coisas que a gente se esquece de trazer conosco.

A morte não me assusta. Tive uma vida longa, mais longa do que poderia ter imaginado, e tudo algum dia chega ao fim. As pessoas nos deixam, novas pessoas chegam. Compreendi que não existe explicação do porquê de estarmos aqui na Terra. O que importa é como preenchemos os nossos dias, de modo que aqueles que vierem depois de nós possam continuar num mundo melhor do que este no qual vivemos agora.

**DEPOIS DE TUDO,
VOCÊ ACREDITA EM DEUS?**

É possível acreditar em Deus depois do Holocausto? Essa é uma pergunta sobre a qual muitos autores e filósofos ponderaram e escreveram. Se você perguntar àqueles que sobreviveram, vai notar que cada pessoa reage da sua própria maneira. Muitos que tinham profunda fé antes da guerra disseram: "Se isso pôde acontecer, não acredito mais em Deus." Lembro-me de uma mulher muito religiosa no vagão de gado a caminho de Auschwitz que pediu à sua vizinha se podia provar um pouco do presunto que a outra tinha trazido. De outro lado, muitos ateus se tornaram profundamente religiosos depois da guerra. Estavam profundamente convencidos de que tinha sido Deus quem os ajudara a sobreviver.

Muitas das judias ortodoxas com quem estive nos campos nunca perderam a fé. Um dia, voltaram do trabalho nas ruínas felizes por terem encontrado um livro de orações. Rezavam toda manhã e toda noite. Acreditavam plena e firmemente que aquele Deus que as ajudara a escapar da câmara de gás continuaria a ajudá-las se seguissem Seus mandamentos. Apesar de receber contínuas revistas, elas conseguiram manter seu livro de orações e seguiam os mandamentos religiosos mesmo quando era difícil. Conseguiram calcular a data do Dia do Perdão, o dia em que não se pode comer nem beber. Nunca houve dúvida se jejuariam ou não. De barriga vazia, sem ao menos enxaguar a boca, elas entraram na fila para a marcha ao local de trabalho. Uma vez ali, labutaram o dia todo com pesados sacos de cimento sem sequer molhar os lábios.

A fé pode ser útil na jornada da vida, independentemente da religião de cada um. O perigo aparece quando ela vai longe demais e o sujeito mete na cabeça que todo mundo precisa compartilhar da sua fé. É aí que ela se transforma em fundamentalismo, e o mandamento original de amor se transforma num mandamento de ódio.

No campo, havia alguns poucos ateus que riam dos religiosos, ao mesmo tempo que também exigiam respeito pela sua própria não crença. Tiveram momentos difíceis, aprendendo que a tolerância é uma via de mão dupla. Não posso exigir tolerância da minha fé se não tolero a sua.

Para mim, nada mudou a minha posição anterior. Mantive a fé que tinha antes do Holocausto. Fui criada como judia e continuei judia. Mas não acredito que meu Deus seja especial. Se existe um Deus, é o mesmo Deus que todos compartilhamos, não importando o nome, Jeová, Cristo ou Alá. Não acredito que Deus possa estar no céu e cuidar de cada um de nós, dizendo-nos como devemos agir. Deus Se encontra no interior profundo de cada ser, na bússola moral que nos ajuda a resolver os problemas da vida.

A Regra de Ouro, "Faça aos outros o que gostaria que fizessem a você", pode ser encontrada em todas as religiões e em todas as línguas. Se todas as pessoas decidissem ser conduzidas por ela, viveríamos num mundo melhor.

QUAL É A SUA VISÃO DO FUTURO?

Não acredito que a minha visão seja diferente da de outras pessoas quando penso em como o mundo se apresenta hoje. Vejo uma guinada política para a direita, antissemitismo crescente, xenofobia e destruição ambiental. Ler o jornal de manhã é suficiente para provocar pesadelos.

Ainda assim, tenho esperança.

Olhando para os séculos passados, recuando até o começo da humanidade, a gente constata que um período de conflito é frequentemente seguido por outro de paz e prosperidade. Isso tem significado progresso, mas por um caminho em espiral. Neste momento, não estamos num local bom, mas as coisas vão mudar; logo nos moveremos novamente para cima.

Com frequência me perguntam: "Como podemos evitar que isso ocorra de novo?" Só consigo pensar num jeito, e é por meio da forma de criar nossas crianças. A forma de criar, de maneira geral, e particularmente a educação. As escolas desempenham um papel muito importante em determinar como será o amanhã. Professores geralmente são inovadores, e reuniões de grupos que buscam novas ideias – *think tanks* – podem ampliar o modo como o Holocausto é ensinado. Bons professores tornam-se modelos para os alunos. Numa situação de crise futura, isso pode fazer grande diferença.

Quando vejo os jovens de hoje, sinto-me otimista. Eles têm se tornado muito mais autoconscientes, bem informados e interessados no mundo do que nós éramos na idade deles. Tenho uma crença inabalável de que eles têm a vontade e o potencial de solucionar os problemas de hoje.

Quando encontro gente jovem, fico impressionada com a forma como mudaram nos anos em que venho dando palestras. Eles passaram da demonstração de pouco interesse para uma atitude cada vez mais interrogativa. Fazem mais perguntas. Adquirem conhecimento ao mesmo tempo com a mente e com o coração; sua compreensão se dá tanto por meio do intelecto quanto da emoção.

No fim das minhas palestras, geralmente os estudantes me dizem: "Não se preocupe, nós passaremos adiante o que você nos contou, não queremos que aconteça de novo."

Também acredito que as autoridades escolares começaram a compreender como é importante travar uma luta contínua contra o esquecimento, e esse é um bom preságio. Se pessoas de todas as cores, credos, etnias e idades cerrarem fileiras contra aqueles que não entendem o quanto vivem bem na nossa democracia, seremos capazes de conservar aquilo que temos.

O QUE PODEMOS APRENDER COM O HOLOCAUSTO?

Vivenciei muita coisa e consegui chegar a uma idade avançada. Escrevi livros, artigos de jornal e dei palestras por mais de trinta anos. O que eu sempre quis dizer, e ainda quero, é: aprenda com a experiência dos outros e com a minha. É difícil, mas é o único jeito de ser poupado da dor a que fomos sujeitados durante o Holocausto.

Uma condessa alemã, filha do embaixador da Espanha cuja casa foi ponto de encontro dos opositores de Hitler, disse em 1948 que o mundo não aprendeu nada nem com os assassinos, nem com as vítimas, nem com os espectadores. Nosso tempo é como uma dança com a morte, e poucos são aqueles que entendem seu estranho ritmo.

As palavras soam verdadeiras hoje mais do que nunca. Mas jamais devemos aceitar isso nem nos permitir ficar à vontade. Não podemos desistir da luta. Devemos continuar a espalhar conhecimento, a ajudar novas gerações a compreender o ritmo, e dessa maneira evitar os erros das gerações anteriores.

Qual é o ritmo? Líderes populistas exploram o descontentamento do povo com as atuais circunstâncias. Oferecem respostas simples para questões complexas e um futuro utópico de eterna felicidade. Esses falsos profetas soam tão convincentes que é fácil ser iludido. Só muito mais tarde é que se nota que essas promessas tiveram um preço. Nada do que se esperava foi realizado, e você perdeu tanto sua liberdade como seu lar. Aquilo com que estava descontente no início torna-se algo para o qual você olha para trás com saudade. Os alemães trocaram a República de Weimar[14] pelo sonho de mil anos de Hitler, o que os levou à ruína. Voltando a 1914, vemos como jovens tanto da Alemanha como da França marcharam para a guerra sem refletir só para, depois de quatro anos numa Europa arruinada, dizer com remorso: "Basta de guerra." E hoje estamos mais uma vez desconecta-

---

14. Período de democracia representativa que vigorou na Alemanha de 1919, depois da Primeira Guerra Mundial, até 1933, antecedendo a ascensão do nazismo. (N. do E.)

dos do estado das coisas – aonde isto nos levará? Onde e quando realmente isto começou?

Quando olhamos para trás, para o alvorecer da história, vemos como tempos de guerras violentas foram seguidos por um período calmo e de luz, só para depois as trevas voltarem, culminando em outra guerra. Onde podemos encontrar a origem desse padrão?

Penso que começou quando surgiu o primeiro motivo para usar os conceitos de "nós" e "eles", ainda no tempo do homem primitivo, que formou as primeiras comunidades agrícolas. As famílias viviam separadamente, sem contato entre si, e, à medida que foram crescendo e sentindo necessidade de mais espaço, lançaram os olhos para a comunidade vizinha. Conquistando a terra "deles", "nós" tínhamos espaço para respirar, e houve um período de calma antes de a sociedade crescer novamente. O homem é egoísta por natureza – primeiro há "eu", depois "nós", e os outros são "eles", os estrangeiros, aqueles que não conhecemos, aqueles que não nos dizem respeito.

Os anos se passaram, a população da Terra cresceu e, enquanto o cérebro humano se desenvolveu, nosso comportamento permaneceu o mesmo. Com o tempo, a exigência crescente de espaço vital deu origem ao colonialismo e se expandiu cada vez mais. Para apaziguar a consciência dos brancos, começaram a se disseminar teorias de raça, tomando como modelo as descobertas de Darwin entre os animais.

Das coisas que aprendi, o que quero passar adiante? Primeiro e acima de tudo: que todos os seres humanos são semelhantes. Aprendi isso do jeito mais difícil, por meio da experiência.

Quando eu era criança, era natural que houvesse pessoas de alta posição social e serviçais. Nós não éramos ricos, mas sempre havia uma empregada que fazia o trabalho doméstico. Ela acordava cedo para acender o fogo, de modo que não tivéssemos de passar frio durante o café da manhã. Ainda me lembro das flores de geada na janela que lentamente se derretiam enquanto a criada me vestia com suas mãos gentis. Eu também me servia dela, apesar de já ter me tornado adolescente. O tempo que passei nos campos me ensinou que isso tinha sido errado, e que não devemos deixar nunca mais acontecer de novo. Ninguém deveria ter poder sobre outra pessoa, nem dinheiro ou etnia devem ser motivos para tratar mal alguém.

Nos últimos séculos, algumas pessoas adquiriram mais e mais terras e, por meio disso, mais poder. Os poderosos subjugaram os pobres e os fracos, e como consequência as pessoas foram separadas por categorias de melhor e pior. No início do século XIX, começou a se espalhar a concepção errada de que a humanidade podia ser dividida em diferentes raças, o que resultou em preconceitos que continuam até hoje. Preconceitos são difíceis de combater – o egoísmo inato do homem faz todos querermos nos sentir os melhores, superiores aos outros. Havia muitos suecos que se sentiam orgulhosos de ser classificados entre os arianos quando Hitler alegou que a raça nórdico-germânica era melhor que todas as outras.

Judeus e ciganos são dois grupos que foram rotulados pelo preconceito desde o começo. Enquanto crescia, tive de conviver com preconceitos contra nós, judeus, e ao mesmo tempo era natural para mim que os ciganos fossem inferiores a nós. Levaria muito tempo até que eu viesse a reconhecer meu próprio preconceito. A essa altura, já estava na Suécia, vivendo em Dalarna, e tinha três filhos pequenos.

Um dia, o meu filho de dois anos desapareceu. Por mais que eu procurasse, não conseguia encontrá-lo. Fiquei muito preocupada e fui até a vizinha, que disse: "Um bando de ciganos passou por aqui, talvez o tenham levado." Não pude deixar de acreditar nela. Só quando a criança apareceu saindo de um arbusto, uma amoreira, entendi que era o velho preconceito que estava me fazendo levar as palavras da vizinha a sério.

É importante reconhecer nossa própria propensão. Um dos modos é, assim que você sentir antipatia por alguém, perguntar-se por quê, para examinar a si mesmo e identificar a origem do sentimento. Preconceitos formam a base dos sentimentos de ódio, racismo, antissemitismo, anticiganismo e anti-islamismo, sentimentos que às vezes podem surgir do fato de alguém de um desses grupos ter nos causado mal no passado. Mas é preciso conhecer a pessoa antes de poder julgá-la. Por instinto, temos medo do que não nos é familiar – é um sentimento primitivo no homem. No princípio da humanidade, viver em pequenas comunidades agrícolas servia para se preservar. Aquilo que não era familiar podia ser perigoso. Mas hoje é contraproducente.

Cada um de nós tem uma responsabilidade, tanto com a sociedade em que vivemos quanto com nós mesmos. Nas décadas de 1930 e 1940, as pessoas não eram diferentes do que são hoje, os mesmos tipos continuam existindo. A melhor maneira de observar isso é no pátio da escola. Há os carrascos, os valentões que dão surras, as vítimas, e aqueles que simplesmente assistem a tudo sem se intrometer, os espectadores. Felizmente, também há alguns que vêm em socorro das vítimas. Que não se deve ser carrasco é algo autoevidente, mas tampouco se deve ser espectador; isso torna você igualmente culpado.

Hoje, vivemos numa democracia. Ainda que ela não seja perfeita, não existe outra forma de governo melhor. Devemos lutar todo dia pela nossa democracia se quisermos mantê-la, senão os descontentes com seus aspectos negativos podem facilmente produzir um novo líder populista que ponha mais uma vez a Europa em perigo. Não podemos afundar num derrotismo. Devemos continuar a lutar, apesar da imagem negativa que o mundo exibe hoje.

AQUILO PODE ACONTECER DE NOVO?

Aquilo pode acontecer de novo? 189

O que aconteceu uma vez pode acontecer de novo, não da mesma maneira, mas com resultados similares.

Observando o curso da história, podemos concluir que basta uma geração para que as experiências do passado caiam no esquecimento. Sabemos que o Holocausto não foi o primeiro extermínio de supostos "sub-humanos". Foi, no entanto, o primeiro a receber o nome de "genocídio" e ver seus causadores punidos.

Sob o colonialismo, a crença na superioridade do homem branco floresceu, e o assassinato impune de nativos era a regra, não a exceção. Um verdadeiro extermínio teve lugar no Sudoeste Africano Alemão (atual Namíbia) no começo do século XX, quando os alemães praticaram grandes crueldades para se livrar de mais de 80% do povo nativo herero. Muitos cientistas argumentam que Hitler mais tarde usou esse extermínio como modelo.

Povos eram perseguidos e assassinados impunemente, mas foi só no início do século XX que um jovem estudante de direito polonês chamado Raphael Lemkin começou a ponderar sobre suas consequências legais. Em primeiro lugar, porém, era preciso dar nome aos bois. Ele então cunhou o termo "genocídio" (assassinato de um povo), do grego *génos* (povo) e do latim *-cidium* (assassinar). Lemkin lutou a vida inteira para ver a comunidade internacional aceitar que o genocídio era um ato criminoso. Só depois do Holocausto essa visão foi adotada pela Assembleia Geral das Nações Unidas, em 1948. Hoje, 149 países são membros dessa convenção.

Apesar disso, pouco tempo depois houve um genocídio em Ruanda e alguns anos mais tarde outro na Sérvia. Ficou claro que ameaças de punição não eram suficientes para evitar que acontecesse de novo. Hoje, sabemos que é necessário algo mais – uma mudança na maneira de criarmos nossos filhos.

As novas gerações precisam ser lembradas constantemente de antigos crimes. Aqueles que educam a nova geração, pais e professores, transmitem esse conhecimento a seus filhos e alunos com a ajuda de livros de história, monumentos e museus. Mas a forma como isso é passado é muito importante. Se o conhecimento só é dirigido à mente, é logo esquecido. Ele também deve chegar ao coração, onde pode despertar aprendizado emocional. Percebemos o mundo tanto com a mente como com o coração. Pesquisas recentes atribuem também ao coração uma inteligência que pode ser treinada, exatamente como a inteligência do cérebro.

É o bom exemplo de pais e professores que desenvolve o coração e pode criar novas gerações que abracem a empatia, o amor incondicional e um mundo sem ódio.

Ainda há algumas testemunhas oculares que podem falar sobre suas próprias experiências, mas, em breve, não restará mais nenhuma. Para tentar impedir a ocorrência de novos horrores, nossas histórias precisam ser passadas adiante. Já designamos uma data, como o Dia da Recordação do Holocausto, 27 de janeiro. Espero que se torne uma tradição duradoura por meio da qual novas gerações possam passar adiante a história e contá-la de um modo que alcance o coração dos seus ouvintes.

AGRADECIMENTOS

Quero agradecer a todos os estudantes que escutaram minhas palestras e levantaram essas perguntas importantes. Perguntas importam mais que respostas. Só fazendo perguntas é que podemos adquirir alguma compreensão do que foi tudo aquilo.

Jamais obteremos uma resposta definitiva sobre o porquê do Holocausto. Porém, compilando todos esses comos, quandos e porquês, podemos pintar um retrato do passado, das forças visíveis e ocultas que nos fizeram chegar até aquele ponto.

Depois de uma palestra, não é fácil se levantar e fazer perguntas. Muitas vezes a pessoa pensa que a pergunta pode ser considerada estúpida e se contém para não fazê-la. Mas essa mesma pergunta pode acabar se revelando aquela que leva à compreensão.

Este livro foi composto na fonte Warnock Pro e impresso pela gráfica Printi, em papel Lux Cream 70 g/m², para a Editora WMF Martins Fontes, em setembro de 2024.